全国中考语文现代文阅读
"热点作家"
经典作品精选集

试卷上的作家

张国龙／主编

从身边最近的地方寻找快乐

林 夕／著

延伸阅读　备战中考
适合考生进行语文阅读的散文集
走进语文之美，领略阅读精髓

初中版

丰富的阅读素材
从童年往事到世间百态
从青葱校园到异域风光
开阔视野，看见世界，提升写作能力和人文素养

 中国出版集团有限公司

世界图书出版公司
上海　西安　北京　广州

图书在版编目（CIP）数据

从身边最近的地方寻找快乐 / 林夕著. — 上海：
上海世界图书出版公司, 2024.3
（试卷上的作家 / 张国龙主编）
ISBN 978-7-5232-0236-4

Ⅰ. ①从… Ⅱ. ①林… Ⅲ. ①阅读课—中学—教学参
考资料 Ⅳ. ①G634.333

中国国家版本馆CIP数据核字（2024）第003135号

书　　名	从身边最近的地方寻找快乐	
	Cong Shenbian Zuijin de Difang Xunzhao Kuaile	
著　　者	林　夕	
责任编辑	吴柯茜	
出版发行	上海世界图书出版公司	
地　　址	上海市广中路 88 号 9-10 楼	
邮　　编	200083	
网　　址	http://www.wpcsh.com	
经　　销	新华书店	
印　　刷	三河市兴博印务有限公司	
开　　本	700mm×1000mm　1/16	
印　　张	14	
字　　数	174 千字	
版　　次	2024 年 3 月第 1 版　2024 年 3 月第 1 次印刷	
书　　号	ISBN 978-7-5232-0236-4/G・827	
定　　价	39.80 元	

总　序

情感和思想的写真

张国龙

和小说、诗歌等相比，散文与大众更为亲近。大多数人一生中或多或少会运用到散文，诸如，写作文、写信、写留言条等。和小说相比，散文大多篇幅不长，不需占用太多的读写时间；和诗歌相比，散文更为通俗易懂。一句话，散文具有草根性和平民性气质。

在中小学语文课本中，散文篇目体量最大。换句话说，散文是中小学语文教学不可或缺的资源。中学生所学的语文课文大多是散文；小学生初学写作文，散文便是最早的试验田。从某种意义上说，中小学作文教学就是散文教学，主要涉及记叙性散文、抒情性散文和议论性散文等。在中考、高考等各类考试中，作文的写作离不开这三类散文，甚至明确规定不可以写成诗歌。可见，散文这一文体在阅读和写作中占据了举足轻重的地位。

然而，散文作为一种"回忆性"文体，作者需要丰富的生活经历和厚重的人生体验。散文佳作，自然离不开情感的真挚性和思想的震撼性。因此，书写少年儿童生活和展现少年儿童心灵世界的散文，无外乎两类：一是成年作家回望童年和少年时光；二是少年儿童书写成长中的自己。这两类散文可统称为"少年儿童本位散文"。显而易见，前者数量更大，作品质量更高。事实上，还有相当一部分散文作品，虽然并非以少年儿童为本位，却能被少年儿童理解、接受，能够滋养少年儿童的心灵。

这套丛书遴选了众多散文名家，每人一部作品集。这些作家作品可以分作两类。一类是主要从事儿童文学创作的作家，基于少年儿童本位创作的散文。比如吴然的《白水台看云》、安武林的《安徒生的孤独》、林彦的《星星还在北方》、张国龙的《一里路需要走多久》。另一类是主要创作成人文学的作家，虽不是专为少年儿童创作，却能被少年儿童接受的散文。比如，刘心武的《起点之美》、韩小蕙的《目标始终如一》、刘庆邦的《端灯》、曹旭的《有温度的生活》、王兆胜的《阳光心房》、杨海蒂的《杂花生树》、乔叶的《鲜花课》、林夕的《从身边最近的地方寻找快乐》、辛茜的《鸟儿细语》、张丽钧的《心壤之上，万亩花开》、安宁的《一只蚂蚁爬过春天》、朱鸿的《高考作文的命题与散文写作》、梅洁的《楼兰的忧郁》、裘山山的《相亲相爱的水》、叶倾城的《用三十年等我自己长大》、简默的《指尖花田》、尹传红的《由雪引发的科学实验》。一方面，这些作家的作品皆适合少年儿童阅读；另一方面，这些作家的某些篇章曾出现在中小学生的语文试卷上。因此，可以称呼他们为"试卷上的作家"。

通观上述作家的散文集，无论是否以少年儿童为本位，都着力观照内心世界，抒发主体情思，崇尚真实、自由、率性的表达。

这些散文集涉及的题材多种多样，大致可分为如下三类。

其一，日常生活类。"叙事型"和"写景状物型"散文即是。铺写"我"童年、少年生活中真实的人、事、情、景。以记叙为主，抒情与议论点染其间。比如，刘庆邦的《十五岁的少年向往百草园》

以温润的笔触，描摹了"我"在15岁那年拜谒鲁迅故居的点点滴滴，展现了一个乡村少年对大文豪鲁迅先生的渴慕与敬仰。安武林的《黑豆里的母亲》用简约的文字，勾勒出母亲一生的困苦、卑微和坚忍，字里行间点染着悲悯与痛惜。

其二，情感类。通常所说的"抒情型"散文属此范畴，即由现实生活中的人、事、情、景引发的喜、怒、哀、乐等。以渲染"我"的主体情思为重心，人、事、情、景等是点燃内心真情实感的导火索。比如，梅洁的《童年旧事》饱蘸深情，铺叙了童年的"我"和同班同学阿三彼此的关心。一别数十载，重逢时已物人两非。曾经有着明亮单眼皮眼睛的阿三，已被岁月淘洗成"一个沉静而冷凝的男子汉"。"我"不由得轻喟，"成年的阿三不属于我的感情"。辛茜的《花生米》娓娓叙说了父亲为了让"我"能吃到珍贵的花生米，带"我"去朋友家做客，并让"我"独自留宿。一夜小别，父女似久别重逢。得知那家的阿姨并没有给"我"炸花生米吃，父亲欲说还休。而多年之后的"我"，回忆起这件事仍旧如鲠在喉。

其三，性情类。"独白型"散文即是。心灵世界辽阔无边，充满了芜杂的景观。事实上，我们往往只能抵达心灵九重天的一隅。在心灵的迷宫中，有多少隐秘、幽微的意识浪花被我们忽略？外部世界再大也总会有边际，心灵世界之大却无法准确找到疆界，如同深邃莫测的时光隧道。每天一睁眼，意识就开始流动、发散，我们是否能够把内心的律动细致入微地记录下来？这必定是高难度写作。如果我们追问个体生命的具体存在状态，每一天的意识流动无疑就是我们存在的最好确证。比如，曹旭的《梦雨》惜字如金，将人的形象和物的意象有机相融，把女性和江南相连缀，物我同一。

尤其是把雨比喻成女孩，"第一次见面，你甚至不必下，我的池塘里已布满你透明的韵律"，空灵、曼妙，蕴藉了唐诗宋词的意味。乔叶的《我是一片瓦》由乡村习见的"瓦"浮想联翩，岁月倥偬，"瓦"已凝结成意象，沉入"我"的血脉，伴随我到天南海北。"瓦"是"我"写作的情结，更是另一个"我"。杨海蒂的《我去地坛，只为能与他相遇》，"我"因为喜欢史铁生的《我与地坛》而一次次去地坛，真真切切地感受史铁生的轮椅和笔触曾触摸过的一草一木。字里行间，漫溢出一个人对另一个人的体恤与爱怜、一个作家对另一个作家的仰望与珍视。或者说，一个作家文字里流淌的真性情，激活了另一个作家的率性和坦荡。

不管是铺写日常生活、表达真挚情感，还是展现率真性情，上述作品大体具有如下审美特征。

其一，真实性。从艺术表现的特质看，散文是最具"个人性"的文体，一切从自我出发。或者说，散文就是写作者的"自叙传"和"内心独白"。这就决定了散文的内容，其人、事、情、景等皆具有真实性，甚至可以一一还原。当然，真实性在散文中呈现的状态是开放、多元的，与虚假、虚构相对抗，尤其体现在表象的真实和心理的真实。不管是客观、物化的真实，还是主观、抽象的心理真实，只要是因"我"的情感涌动而吟唱出的"心底的歌"，就无碍于散文的"真"。散文的真实，大多体现为客观的真实，即"我"亲历（耳闻目睹），"我"所叙述的"场景"实实在在发生过，甚至可以找到见证人。对事件的讲述甚至具有纪实性，与事件相关的人甚至可以与"我"生活中的某人对号入座。叙写的逻辑顺序为："我"看见＋"我"听见＋"我"想到，即"我"的所见、所闻和所感，且多采取"叙述＋抒情＋议论"的表现方式。比如，林彦的《夜别枫桥》，少年的"我"先是遭遇父母离异，而后因病休学，独自客居苏州。那座始终沉默无语的枫桥，见证了"我"在苏州的数百个日日夜夜。那些萍水相逢的过客，却给予了"我"终生铭记的真情。

其二，美文性。少年儿童散文通常用美的文字，再现美的生活，营造美的意境，表现美好的人情、人性和人格，是真正的"美文"。比如，吴然的《樱花信》，语言叮当如环佩，景物描写美轮美奂，读来令人神清气爽，齿唇留香。"阳光是那样柔和亮丽，薄薄的，嫩嫩的，从花枝花簇间摇落下来，一晃一晃地偷看我给你写信……饱满的花瓣，那么嫩那么丰润，似乎那绯红的汁液就要滴下来了，滴在我的信笺上了。你尽可以想象此刻圆通山的美丽。空气是清澈的，在一缕淡淡的通明的浅红中，弥漫着花的芬芳……昆明人都来看樱花，都来拜访樱花了！谁要是错过了这个芬芳绚丽的节日，谁都会遗憾，都会觉得生活中缺少了一种情调，一种明亮与温馨……"安宁的《流浪的野草》，文字素面朝天、洗尽铅华，彰显了空灵、曼妙、清丽的情思。"燕麦在高高的坡上，像一株柔弱的树苗，站在风里，注视着我们的村庄。有时，她也会背转过身去，朝着远方眺望。我猜那里是她即将前往的地方。远方有什么呢，除了大片大片的田地，或者蜿蜒曲折的河流，我完全想象不出。"

其三，趣味性。少年儿童生活色彩斑斓，充满了童真、童趣。少年儿童散文不论是写人、记事，还是抒情、言志，皆注重生动活泼、趣味盎然。与此同时，人生中的诸多真谛自然而然地流淌于字里行间，从而使文章具有超越生活的理趣，既提升了文章的境界，又能陶冶阅读者的性情。比如，王兆胜的《名人的胡须》，用瀑布、白云、大扫帚、括弧、燕子等各种事物类比各个名人各具特色的胡须。稀松平常的胡须看似可有可无，却有着不同寻常的意义。古今中外名人与胡须的轶事，读来令人莞尔，幽默、风趣的笔调里蕴涵着举重若轻的哲理。张丽钧的《兰花开了18朵》，"我"时常和蝴蝶兰说话，如母亲的斥责，似闺蜜的呢喃，像恋人的娇嗔，满满的人间情怀里渗透着天然的机趣。"我家这株蝴蝶兰，真真是个慢性子——一簇花，耗费了整整66天的时间，才算是开妥了。从2月24日到5月1日，总共开了18朵花，平均3.67天开一朵。我跟她说：'亲呀亲，你可是我拉扯大的呀，咋这脾性半点儿都不随我呢？这么慢条斯理地开，你是打算把全部春光都占尽了吗？'"

散文创作通常与作者的亲身经历密切相关，尤其注重展现真性情。因此，散文抒写的往往是个人的心灵史和情感史。这些散文作品不单是中学生写作的范本，还是教导中学生为人处世的良师益友！

2022 年 10 月 18 日

于北京师范大学

序 言

一席之地

林 夕

大学毕业后，我没有回家乡工作，独自一人去了大连，在一所重点高中当老师。从学校到职场，书桌换成办公桌，虽然位置不大，但总算在社会上有了一席之地。

可是我发现，生活并没有太多改变，每天三点一线——办公室、教室、宿舍，日子单调重复，每天见到的都是相同的人。唯一不同的是，以前做学生被老师考，现在当老师可以考学生，监考时看着学生答卷做题，心里有一种翻身得解放的喜悦——终于混到不用再考试了！但转而又想，这些学生两年后参加高考，读大学，入职场，前程远大，未来可期。而我呢，我仿佛已经看到自己的未来，30年后告别讲台，光荣退休。这是我想要的人生吗？我不知道。我陷入迷茫与痛苦中。

愤怒出诗人，痛苦出作家。其实现在回头看，也算不上什么痛苦，只是青春的苦闷与彷徨，需要向人倾诉。倾诉的最好方式，就是写作。于是我拿起笔，写下第一篇散文《背影》。写完不知投给谁，跑到学校阅览室翻阅报纸杂志，看到《青年散文家》刊首介绍作家三毛，我最喜欢的作家，感觉很有缘，就把文章寄出去。两个月后，我收到样刊和编辑肖显志老师的信，虽然只有几句话，却为我打开了一扇门。

人生的路就是这样，第一步最难迈出。原本是投石问路，没想到芝麻开门。门已打开，路在脚下，我把业余时间都用来写作，陆续在《大连日报》《大连晚报》《海燕》发表多篇作品，并受邀参加报社、杂志社组织的笔会，认识了许多作家。在一位作家朋友推荐下，我入职报社当记者，有了新的一席之地。

原以为自己发过文章，有文字功底，写新闻报道不在话下。没想到第一篇稿就被部主任退回，说我主观感受和心理描写太多，不像报道像散文。我修改后交给主任，他又帮我改了一遍才刊发。我比对前后文章，发现新闻写作和文学创作不同，不同的思维方式，不同的切入视角。我去图书室找相关书籍，一边自修理论知识，一边在实践中探索。

有一天，我采访回来，部主任指着桌上的报纸说："你的稿子上头版了，二题。"我急忙拿起报纸看，眼睛有些湿润，不禁感慨地说："为了写好新闻报道，我都放弃写散文了。"

原以为主任会表扬我专注、敬业，没想到他却说："不要放弃。你的散文很有灵气，只是素材比较单一，就是家里家外那点事，这和之前的阅历有关。现在记者工作会丰富你的阅历，接触社会各个层面，打开视野，看世间百态，品人生百味。这会让你的散文增加社会性、深刻性，引起更多读者共鸣。"

我双手合十，由衷地说："谢谢主任。我还以为你会反对呢，这是工作之外搞副业呀。"

主任一挥手，霸气地道："不管主业副业，只要能写出好文章，就大胆地去搞！好文章会影响人的一生，甚至能改变命运，我当年就是读了《中国青年报》'冰点'特稿《长江漂流记》，热血沸腾，才转行做新闻的。《中国青年报》我每天必看，你要能在这发文章，我请你吃饭。"

我把《中国青年报》找来，把副刊的文章通读一遍，边读边构思，以我采访的一位创业者为素材，写成《永不消失的地平线》，投给"人生"副刊。很快，文章见报，还被选入《青年文摘》。我又写了一篇《一地碎片》，文章不仅刊出，编辑唐为忠老师还写了"编者按"，以此文为题，发起"林黛玉和薛宝钗谁更可爱"专题讨论。我不觉有些飘飘然，觉得自己冲出大连，走向全国了。

更让我飘飘然的是，我收到唐为忠老师的来信，不是打印是手写的，开头称呼"林夕先生"，我怔了一下，他知道我是女的呀。但来不及细想，急忙往下看："你的文章很有特点，简洁明快，没有过多铺垫，像放机关枪似的，开门见山，进入故事，吸引人往下看。这是你的风格，风格是一个作家成熟的标志。我相信，未来你会在中国文坛占有一席之地。"

我急忙把信拿给主任看，他边看边点头，说："你知道吗？女作家冰心、杨绛这样的大家，编辑写信时尊称为先生，看来你要成气候了。将来在文坛占有一席之地，不要忘了《中国青年报》，这是你成长的摇篮。"

怎么会忘呢？因为在《中国青年报》连续发表作品，还被《读者》《青年文摘》摘选，我在业内名气大涨，各省市报刊编辑纷纷向我约稿，出版社主动向我约书，一年内出版四本散文集，在全国一百多家报刊发文章、开专栏。真如主任所说，要成气候了。但我知道，离"一席之地"还有距离。

为了追上这个距离，我决定辞职，专职写作。四年记者生涯，我学到的、收获的，远比大学四年还多。但人要往前走，就得学会告别。向主任告别时，我内心是羞愧的。他一手培养我，还支持我搞副业，现在，我要把副业变正业，离开报社了。真的很对不起他。

但他没有丝毫责备，只是苦笑了一下，说："我早就料到会有今天，而且我还预料，你以后会离开大连。"

2009年底，我离开大连来到北京。朋友为我接风，问我都想见谁，约来一起聚。我说，最想见唐为忠老师，但不能请他来，我要登门拜访。

我想准备一份厚礼去拜访唐老师。这可把我难住了。任何世俗意义上的礼物，对我与他之间的独特情义，都显得太轻了。唯有作品，才是最好的礼物。我把已出版的十几本散文集、两部长篇小说找出来，曾经，这是我的骄傲，但现在看，又生出许多不满，觉得分量不足，不足以证明我在文坛的一席之地。

我闭门谢客，埋头创作第三部长篇小说，完成初稿后，又反复修改，终于满意了，交给出版社。期间由于一些原因，换到另一家出版社，几经折腾，终于拿到新书。可是命运就喜欢捉弄人，当我一切就绪，准备好新作，准备好心情，去见唐老师，却在报上见到他的讣告：《中国青年报》副总编辑唐为忠因公出差期间突发心脏病，经抢救无效，不幸去世。

我惊得说不出话来，不敢相信这是真的！

自他离开"人生"副刊，我们之间的联系就断了，但心里的联系从未断过。我知道他去了要闻部，去了总编室，我知道他不仅是一位优秀编辑，还是一位优秀记者，写过很多有影响力的报道。这些年来，只要看到他署名的文章，我都认真拜读，细细领会。我们一路走来，从报纸铅字排版，到激光印刷，见证了报纸杂志的黄金时代。那是多么美好的时代呀！素昧平生的编辑为默默无闻的作者改稿，跨越千里寄去带着墨香的手写信。他知道这薄薄的一纸信笺承载着多么重的力量吗？他知道这高贵的"一席之地"鼓舞了文学边上的我吗？

我相信他知道，虽然我从没亲口告诉他。

我打电话给部主任，在这个世界上，只有他能理解我此时的心情。我告诉他，"人生"副刊的唐老师走了，我不能原谅自己，来北京两年竟然没去报社拜访他，以后再也没有机会去了！以后像他这样的编辑可能不会再有了！

他沉默了一会儿，说："很遗憾，他走了。你现在一定很自责，为什么不早点去见他？但你有没有想过？在文字的世界里，你们已经见过了。"

我默然。只有写作者才能深解其义。写作是一个孤独的旅程，用文字创建一个虚拟世界，但对创作者来说，却无比真实，那是摘下面具卸去伪装，没有丝毫杂质，展示最真实的自己。

其实我向"人生"投第一篇稿时，唐老师给我寄来手写信时，我们已经见过了。在文字的世界里，我们见过最纯粹的彼此。

目录 CATALOGUE

/试卷作家真题回顾/

/试卷作家美文赏练/

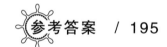

试卷作家
真题回顾

找回颤动的感觉

①毕业前最后一次班会，班主任童老师说了许多祝福和叮咛的话，然后发给每人一张稿纸，让他们写出自己认为未来人生最重要的三件事。算是高中最后一篇作文。

②童老师话音刚落，他就在稿纸上写出答案：赚一万元钱、住有阳台的楼房、看罗大佑演唱会。

③20年过去了，已成为京城富商的他，又回到故乡，参加母校50年庆典。他为老师准备了一份贵重的礼物——LV皮包。

④他的礼物，好像并没让老师感动——这位一辈子生活在小镇、奔走于校园的中学女教师，似乎对来自法国的著名品牌并无多少印象。相反，他自己，却被老师的礼物深深地感动了！那是20年前他离开学校时完成的最后一篇作文。

⑤他看着那有些发黄的纸上写着：赚一万元钱、住有阳台的楼房、看罗大佑演唱会。他百感交集，眼泪一瞬间涌了出来。

⑥他早已实现这些梦想。实现之后，并不觉得它们重要。

⑦"如果现在，让你写下过去20年，对你影响最重要的三件事，你会写什么？"老师问。

⑧他思考片刻，拿出笔，在稿纸背面写下：＿＿＿＿＿＿，＿＿＿＿＿＿，＿＿＿＿＿＿。

⑨老师看了，微笑着道："给我讲讲吧。我相信，每件事背后，都藏着一个故事。"

⑩那一年，他29岁，辞职创办自己的公司，忙得晕头转向，

春节也没回家。除夕夜，他往家打电话，母亲问："有没有吃饺子？"他说："吃了，在超市买的速冻水饺，一点儿也不好吃。真想吃你包的三鲜馅饺子。"初一晚上，他刚刚上床睡觉，就被门铃声叫醒，开门一看：是母亲。她坐了 12 个小时的火车，给儿子送饺子来了！

⑪他对老师道："那是我一生中吃过的最好的饺子！现在回想起来，还能感受到那种特有的香味。"

⑫一年后，由于各种原因，公司倒闭了。当初创办公司，他欠下几万元债，心灰意冷，萌发轻生念头。这时，一位平时并不十分亲近的朋友找到他，给他一本存折，告诉他密码，转身走了。

⑬"存折上有 6500 元钱，是他的所有积蓄。他是一名公务员，每月薪水不到一千，每次发薪就存一二百，每次存钱的记录都在上面。其实这点儿钱起不了什么作用，对我起作用的是存折主人的真诚和信任。就算是为了报答他，我也一定要收拾残局，东山再起！"

⑭说到这，他停住了，陷入深思，仿佛又回到那充满艰辛的拼搏岁月。

⑮老师用慈爱的目光看着他道："那第三件事呢？一定是个浪漫的故事吧！"

⑯"不，一点儿也不浪漫。那字条上没有写'我爱你'，'我想你'这些甜蜜的话。当时那种情况，我们根本没有心情。"

⑰"发生了什么事？"

⑱"两年前，我由于长期劳累和工作紧张，患上了耳疾，医学上叫乳突炎。我先是左耳感染，后来右耳也染上了。那段时间，妻子一直陪着我，每天帮我热敷、清洗耳道。病情越来越重，我需要动手术。手术前夜，我担心手术失败会失聪。她就给我写下那张字条：亲爱的，别担心，我愿意永远做你的耳朵！"

⑲老师被他的故事打动了，像一位慈爱的母亲，伸手在他的背上拍打几下，意味深长地道："20年前，你们写在纸上的答案五花八门，有的很虚幻，有的很物质。20年后，你们在生活中找到了自己的答案，虽然各不相同，但读来读去，我只读出两个字——感动。其实想想也对，生活中还有什么比感动更重要的呢？"

⑳是啊，生活中还有什么比感动更重要的呢！它只轻轻一下，就拨动了心的旋律，荡起的涟漪久久挥之不去！无论何时何地，回忆那些令人感动的事，总有一种颤动的感觉。那些感动里包含着岁月老人无法带走、死亡之神无法摧毁的真情。

（选自《中外微型小说》精华本，2014年9月第一版，略有改动）

（2015年江苏省徐州市中考语文试题）

▶ **试 题**

1.联系上下文，请在第⑧段内空缺处填入三句恰当的话。（3分）

＿＿＿＿＿＿，＿＿＿＿＿＿，＿＿＿＿＿＿

2. 为什么"他的礼物，好像并没让老师感动"而"相反，他却被老师的礼物深深感动"？请结合全文说出原因。（4分）

＿＿＿＿＿＿＿＿＿＿＿＿＿＿＿＿＿＿＿＿＿＿＿＿

＿＿＿＿＿＿＿＿＿＿＿＿＿＿＿＿＿＿＿＿＿＿＿＿

3. 小说第⑥段能否删去？请结合上下文说出理由。（3分）

＿＿＿＿＿＿＿＿＿＿＿＿＿＿＿＿＿＿＿＿＿＿＿＿

＿＿＿＿＿＿＿＿＿＿＿＿＿＿＿＿＿＿＿＿＿＿＿＿

4. 请说说你对题目"找回颤动的感觉"深刻内涵的理解。（3分）

_____

_____

_____

5. 小说常常通过细腻的心理描写塑造人物形象。（本题共7分）

我几乎还不会作文呢！我再也不能学法语了！难道这样就算了吗？我从前没好好学习，旷了课去找鸟窝，到萨尔河上去溜冰……想起这些，我多么懊悔！我这些课本，语法啦，历史啦，刚才我还觉得那么讨厌，带着又那么重，现在都好像是我的老朋友，舍不得跟它们分手了。还有韩麦尔先生也一样。他就要离开了，我再也不能看见他了！想起这些，我忘了他给我的惩罚，忘了我挨的戒尺。

（1）上面是《最后一课》中运用这种写法的语段，请从"通过细腻的心理描写塑造人物形象"角度进行赏析。（4分）

_____

_____

（2）请发挥想象，运用这种写法将本文第⑩段"他"见到母亲那一刻的内心独白描述出来（80到100字）（3分）

_____

_____

母亲的存折

①那天，女儿放学回家，突然没头没脑地问了一句："妈妈，我们家有多少存款？"

②不等我作答，她又继续说道："他们都说咱家至少有 50 万元。"我奇怪地看着女儿："你说的'他们'是谁呀？"

③"我们班同学。他们都说你一本书能赚十几万稿费，你出那么多书，所以咱们家应该有 50 万吧。"

④我摇摇头，说："没有。"女儿脸上忍不住地失望，两眼盯着我，有些不相信似的问："为什么？"

⑤"因为……"我抬手一指房子，屋里的家具、电器，还有她手里正在摆弄的快译通，道："这些不都是钱吗？钱是流通品，哪有像你们这样只算收入不算支出的！"

⑥女儿眨眨眼睛，仍不死心，固执地问道："如果把房子、家具、存款都算上，够 50 万吧？"

⑦我点点头。女儿脸上立即绽开笑容，拍手道："这么说，我是我们班第三有钱的人了！"

⑧我这才明白她为什么问这个，一定是同学之间攀比，搞什么财富排行榜了。

⑨我立刻纠正她："不对，这些是妈妈的钱，不是你的。"

⑩"可我是你的女儿呀！将来，将来——"女儿瞅瞅我，不往下说了。

⑪我接过话，替她说道："等将来我不在了，这些钱就是你的，

对不对？"

⑫女儿脸涨得通红，转过身，掩饰说："我不是这个意思，都是我们同学，一天没事瞎猜，无聊！不说这个了，我要写作业了。"说完，女儿急忙回自己房间去了。望着她的背影，我若有所思。没错，作为我的法定继承人，我现在所有的财产，在未来的某一天，势必将属于女儿，这是不争的事实。只不过国人目前还不习惯、也不好意思和自己的继承人公开谈论遗产这样十分敏感的事，而同样的问题在西方许多家庭，就比我们开明得多，有时在餐桌上就公开谈论。我想这主要是因为以前中国一直实行计划经济，一切财产都是国家的。我的父母工作了一生，一直都是无产者，直到退休前才因房改买下自己居住的房子，终于有了自己名下的财产。但是，和我们这些在市场经济环境下生活的子女相比，他们那点有限的"资产"实在少得可怜。也因此，我从未期望父母给我留下什么，相反，我倒很想在金钱方面给予父母一些，我知道，他们几乎没有存款。但是固执的父母总是拒绝，没办法，我只好先用我的名字存在银行，我想他们以后总会用上的。

⑬那年春节，我回家过年，哥哥、妹妹也都回去了，举家团圆，最高兴的自然是母亲。没想到，因为兴奋，加上连日来操劳，睡眠不好，母亲起夜时突然晕倒了！幸亏发现及时，送去医院，最后总算安然无恙，但精神大不如前。时常神情恍惚，丢三落四。所以，尽管假期已过，我却不放心走。母亲虽然舍不得我走，但是一向要强的她不愿意我因为她耽误工作，她强打精神，装出一副精力充沛的样子，说自己完全好了，催促我早点走。我拗不过母亲，只好去订机票。

⑭行前，母亲把我叫到床前，我一眼就看见她枕头旁放着一个首饰盒，有几块砖头大小，用一块红绸缎布包着，不禁一愣。小时候有一次趁父母不在我乱翻东西，曾见过这个首饰盒，正想打开却

被下班回家的母亲看到，被严厉地训斥了一顿，从此再没见过，不知道母亲把它藏到哪儿去了。我猜里面一定装着母亲最心爱的宝贝。会是什么呢？肯定不会是钱或存折。母亲的钱总是装进工资袋放在抽屉里，一到月底就没了，很少有剩余。最有可能的是首饰，因为祖父以前在天津做盐道生意，家里曾相当有财势，虽然后来败落了，但留下个金戒指、玉手镯什么的，应不足为怪。

⑮我正猜测不解，母亲已经解开外面的红绸缎布，露出里面暗红丝面的首饰盒。她一摁上面的按钮，"叭"的一声，首饰盒开了！母亲从里面拿出一个小绸布包，深深地看了一会儿，像是看什么宝物，然后，慢慢抬起头，看着我，缓缓道："这里面装着你出生时的胎发，5岁时掉的乳牙，还有一张百日照，照片背面记着你的出生时辰。我一直替你留着，现在，我年纪大了，你拿去自己保留吧。"

⑯我接过来，小心翼翼地打开。于是，我看到了自己35年前出生时的胎发，30年前掉下的乳牙，和来到世界100天时拍的照片。照片已经有些发黄了，背面的字迹也已模糊，但依然能辨认出来。一瞬间，我泪眼模糊。我意识到：这就是母亲的"存折"，里面装着母亲的全部财产，没有一样贵重的东西，但是对我，每一样都珍贵无比。

⑰带着母亲的"存折"，我踏上归程。一路上，感慨万千。我知道，和母亲相比，我是富有的，母亲这一生永远不可能有50万元存款了！对她来说，那是一个天文数字，她想都不曾想过。和我相比，女儿是富有的，她一出生就拥有的东西，是我拼搏多年才得到的。但是，女儿却永远也不可能像我一样，拥有自己的胎发、乳牙了。这些记载她生命的收据，让一路奔波的我遗失在逝去的岁月里，再也找不回来了！

（2015—2016学年江苏灌云县圩丰中学九年级上第二次质量调研语文试卷）

▶ **试 题**

1. 文章的题目"母亲的存折"具体指什么？（3分）

_____

_____

从本质上讲，"母亲的存折"存入的又是什么？（2分）

_____

_____

2. 品味文章画横线句子的表达效果。（3分）

_____

_____

_____

3. 本文通篇采用_____手法，表达
了_____的情感。（4分）

4. 对于本文中女儿及同学之间攀比的行为和心态，你有怎样的
看法，写一段话表达你的观点。（要求体现正确的人生观、价值观）
（4分）

_____

_____

_____

大声地生活

①那天，我带着女儿上街，在一个书摊前选了两本书，手伸到衣兜掏钱，突然碰到一只手，我吓了一跳，不禁"哎"了一声，就见一个男人嗖地一下转身离开了，留给我一个穿黑色皮夹克的背影。女儿在旁边连忙问："妈妈，怎么了？"

②我小声说："有小偷。"

③女儿大声说："在哪？快抓住他！"

④我用手指了指那个背影，小声说："就是他，不过没偷着，别吱声。"

⑤想不到女儿冲着那个背影大声地喊："坏蛋，小偷，谁让你偷我妈妈钱？我给你告警察！"

⑥我吓得用手猛拉女儿两下："别喊了，你爸爸不在这儿，小心他来打我们！"

⑦"他敢！有警察呢。妈妈，快把电话拿出来，打110。"女儿理直气壮地大声说。我有些害怕地看着那个背影，生怕他回转身来打我们母女二人。可是，他没有，他走得更快了，走到街角拐弯处，急忙钻进胡同里，看不见了。我这才松了口气。这时女儿拉拉我的手，生气地说："妈妈，你为什么不报警？你看你让他跑了，他又去偷别人了。"让她这么一说，我有些脸红，周围人都看着我，我心里有些别扭，就冲着她说："你大声嚷嚷什么？""我就大声嚷嚷，好让坏人怕我们，你那么小声，好像我们是坏人似的！"

⑧我望着才8岁的女儿，哑口无言。想了一会儿，只好说："算

了，算了，我们买书吧！"我又从兜里掏钱。想不到女儿拦住我，又冲那卖书的人大声说："我看见你刚才用那样的眼光看我妈妈，你肯定是看见小偷掏我妈妈的兜，可你为什么不说？你帮助坏人，我们不买你的书了！"说完，拉着我就走。我这才想起来，刚才小偷在我旁边，我和小偷正对着书摊，卖书人看着我往外掏钱，一定也看见了小偷正在掏我的钱。我不满地看着他，他也看着我，把头扭到一边去，什么也没说。我牵起女儿的手，大声地说："走，我们不买了！"

⑨我领着女儿上了公共汽车，女儿瞪着一双眼睛，东瞧瞧，西望望，好像在找什么。我拉了她一下，小声问她："你干什么呢？""我看有没有小偷？"声音洪亮，传遍整个车厢。周围的人愣了一下，接着哄笑起来。

⑩旁边一个小伙子逗她说："就你这嗓门，有小偷也早让你吓跑了！"另一位中年妇女好心地说："要是你真看见小偷，可别这么喊，他会打你的。"女儿扬起脸，冲着他们说："我就要大声喊，让那些坏人怕我们，让他们不敢再做坏事！"

⑪我张了张嘴想说她却没有说出口。周围突然变得安静起来，人们都闭紧嘴巴不再说话了。

⑫车停了，我领着女儿下了车。

⑬这时候，我就想：也许我们大人的话，不一定就是对的，至少我们在使用声音这个问题上，就不如小孩子。我们对自己的孩子大声嚷嚷，我们对父母也曾加大过嗓门，我们对朋友同事也曾高声叫喊。唯独，面对危害我们的坏人，却能保持沉默。

（有删改）

（2020 年 4 月湖南省长沙市雨花区中考模拟语文试卷）

▶试 题

1. 文章写"我"带着"女儿"上街发生的故事，请初读文章，理清文章思路，完成填空。（4分）

事件	女儿的表现	女儿性格	"我"的心理和表现
买书遇小偷	大声喊抓小偷	①_____	②_____
掏钱买书时	大声说卖书人	③_____	不满，后拒绝买书
坐公交回家	大声说找小偷	警惕性强	④_____

2. 请赏析文中画线的句子。（4分）

让她这么一说，我有些脸红，周围人都看着我，我心里有些别扭，就冲着她说："你大声嚷嚷什么？""我就大声嚷嚷，好让坏人怕我们，你那么小声，好像我们是坏人似的！"

_____

_____

_____

3. 下列对文章有关内容的分析和概括，正确的两项是（　　）（　　）（3分）

A."我"是一位自私懦弱、竭力保护女儿却又管不住女儿的"妈妈"，对女儿的行为只能无奈地听之任之。

B.车厢里的人们都冷漠地接受了女儿在车厢里的巡视，是因为他们觉得女儿是小孩子，天真有趣，无知无畏。

C.第⑧段"卖书人"将头扭到一边去，展现了"卖书人"胆小怕事，没有提醒别人而羞愧不安。

D. 文章中"女儿"是正面形象，其他所有出现的人物都是为表现"女儿"形象服务的反面形象，起到了衬托的作用。

E. 文章以小见大，在细小的生活镜头下折射出社会现象中的大问题，呼吁读者，都要如"女儿"一样大声地生活，社会才会更加安静和谐。

4. 结合文章内容和链接材料，谈谈对文章标题"大声地生活"的理解？（5分）

（链接材料）童话《皇帝的新装》中，一位奢侈而愚蠢的国王每天只顾着换衣服。一天王国来了两个骗子，他们声称可以制作出一件神奇的衣服，这件衣服只有圣贤能看见，愚人看不见。骗子索要了大量财宝，不断声称这件衣服多么华贵以及光彩夺目。被派去的官员都看不见件衣服，然而为了掩盖自己的"愚昧"，他们都说自己能看见这件衣服，而国王也是如此。最后国王穿着这件看不见的"衣服"上街游行，一个儿童大声地说出了真相："他什么也没穿啊！"

_____

_____

_____

_____

_____

_____

试卷作家
美文赏练

慷慨的吝啬

> 当吝啬披上了慷慨的外衣，善意也就随之变得虚伪。

我喜欢做一个慷慨的人，喜欢送东西给别人。

买了新衣服，穿过几次或根本没穿，过几日不喜欢了，就送给表妹。圣诞节、生日聚会收到许多礼品，挑出自己最喜欢的，剩下的随手送人。我周围的亲戚、朋友几乎都收过我的礼物，他们一定喜欢并感谢我，我以为。

但是，父亲却不这样认为。在他看来，这表面上看是慷慨，其实是吝啬。他一再告诫我：不要随随便便送东西给别人，特别是自己用过的不喜欢的东西。

对此，我不以为然。

有一天，父亲带我去拜访他的上司，过去他们曾是朋友。

因为过去是朋友，他对我们非常热情，又因为现在是上司，这热情中又多了几分矜持。父亲早已感觉出来，和他聊了会儿，就起身告辞。他客气地挽留我们，见我们执意要走，就转身对夫人说："把家里的苹果给他们带点。"父亲婉言谢绝，但他执意要给。

夫妇俩进了储藏室，过了一会儿，拿出一箱苹果给我们。

回到家，我把苹果箱打开，里面是一些皱皱巴巴、比鹅蛋大一圈的小苹果。我忍不住吐槽："这什么东西，还没咱家的好！扔了都没人要！"

父亲淡然一笑，道："这些苹果至少告诉我们两个信息：第一，是别人送的，如果自己买的不会放这么久。第二，是他们吃不了挑剩的，扔了又觉得可惜，就顺手送人情，想让我们感谢他们，结果正相反。"

我用脚把苹果箱推到墙角，"哼，什么破玩意儿？"

父亲看着我，"你刚才说什么？再重复一遍！"

"我说，什么破玩意儿，怎么了？"我看着父亲，一时没明白他的意思。

"什么破玩意儿！你要永远记住这句话。当你把自己不喜欢、不需要的东西送给别人时，你得到的就是这句话！"

我的脸"唰"的一下红了，想起以前送给别人的"礼物"——那些穿过的衣服、挑剩的文具、过时的摆件……当他们回家打开看，也一定说过相同的话。

父亲指着墙角的苹果，一字一句地说："记住，不要把别人当傻瓜。他会和你一样，知道这东西的价值。要么不送，要送，就把自己认为最好、最喜欢、最舍不得的东西送给别人。"

直到现在，我还清晰地记得父亲当年说的这句话，它让我受益终生。

精彩
——赏析——

　　在生活中有些人会把自己不喜欢的东西随手送人，这并不是真诚地表露善意，只是想借此收获别人的感激，所以这不是慷慨，反而是吝啬、自私的体现。作者通过收到皱巴巴的苹果之后的心情，以及父亲的话，向读者说明了这个道理。"吝啬"与"慷慨"是一组反义词，本文题目看似矛盾，实则非常巧妙，既吸引了读者的阅读兴趣，又暗示了文章的主题。在语言上，本文语言朴实细腻，人物对话生动自然，立足现实，将深刻的道理向读者娓娓道来。

购买泥土

🌸 **心灵寄语**

世间万物纷繁复杂，许多事件杂乱相生，若我们能看清事物的本质，便能够轻松取得成功。

三个年轻人结伴外出，寻求发展机会。他们来到了以盛产苹果著称的辽南地区。在一个偏僻山镇，发现一种又红又大、味道香甜的苹果。由于地处山区，信息、交通都不发达，这种优质苹果仅在当地销售，售价低廉。

第一个年轻人望着这些苹果，双目发亮。他倾其所有，购买10吨优质苹果，运回家乡，以比原价高两倍的价格出售。然后又返回，购买，销售。这样往返数次，他成了家乡第一个万元户。

第二个年轻人望着这些苹果，沉思片刻。他用少量资金，购买上千颗优质果苗，运回家乡，承包了一片山坡，把果苗种上。整整三年时间，他精心栽培，浇水灌溉，只有投入，没有产出。

第三个年轻人望着这些苹果，凝眸深思。他什么也不买，只是围着果园东走走，西看看。然后，找到果园的主人。主人问："你看好哪片苹果？想出多少钱？"

他笑着摇摇头，用手指指果树下面，"我想买些泥土。"

主人一愣，摇摇头说："泥土不能卖，卖了还怎么长果？"

他弯腰在地上捧起满满一把泥土，恳求说："我只要这一把。

请你卖给我吧，要多少钱都行！"

主人看着他，笑了："好吧，你给一块钱拿走吧。"

他带着这把泥土，返回家乡，把泥土送到农业科技研究所，化验分析出泥土的各种成分、湿度等。然后，他承包了一片荒山坡，用了整整三年时间，开垦、培育出与那把泥土一样的土壤，在上面栽种苹果树苗。

五年过去了。这三位结伴外出寻求发展的年轻人，命运迥然不同。

第一位购买苹果，现在依然还要去购买苹果运回销售。但现在当地信息和交通已经很发达了，竞争激烈，所以每年利润很少，有时甚至不赚，赔钱。

第二位购买树苗，现在已拥有自己的果园，成为园主。但是因为土壤不同，长出的苹果成色、口感虽然不同，但可以赚到稳定的利润。

第三位购买泥土，现在成了最大的赢家，种植的苹果果大味美，和原来的苹果相差无几，每年秋天引来无数购买者，总能卖到最好的价格。

其实，这样的结果很公平，在单位时间内，最先赚到钱的人赚钱最多，但是把时间单位放大，排序正好相反。

精彩
—赏析——

    三种不同的选择，得到三个不同的结局。作者不仅仅是说种苹果树的故事，我们可以把其中的道理引申到学习、生活的方方面面。拿写作文来说，第一个年轻人是照搬优秀的作品；第二个年轻人则寻章摘句，化用别人的句子为自己服务；第三个年轻人脚踏实地，大量阅读，分析写作技巧，勤加练习。如此一来谁会取得更大的进步便不言而喻。在当下快节奏的社会中，唯有认清事物的本质，物尽其用，才能不被大千世界中物欲蒙蔽双眼，从而抵达成功的彼岸。

另一扇门

🌸 **心灵寄语**

> 不塞不流，不止不行，不破不立。若想成长为一个优秀的自己，便要从一次"打破"开始，人的力量无可压抑，即使是地狱也能变成天堂。

这一天，49 岁的伯尼·马库斯像往常一样，拎着公文包去公司上班。在 20 多年的职业生涯中，他勤勤恳恳，兢兢业业，坐到今天职业经理人的位置上，其中的艰辛困苦只有他自己最清楚。他原本想，再这样工作 11 年，就可以安安稳稳拿到退休金颐养天年。可是，万万没想到，这将是他在公司的最后一天。

"你被解雇了。"

"为什么？我犯了什么错？"他惊讶、疑惑地问。

"不，你没有过错，公司发展不景气，董事会决定裁员，仅此而已。"

是的，仅此而已。一夜之间，他从一名受人尊敬的高管，变身一名落魄的失业者。

和所有失业者一样，繁重的家庭开支让伯尼·马库斯喘不过气来，他必须找到生活来源。那段日子，他常去洛杉矶一家街头咖啡店，一坐就是几小时，化解内心的痛苦、迷茫和巨大的精神压力。

有一天，他遇到了自己的老朋友——和他一样、同是经理人也同样遭到解雇的亚瑟·布兰克。两人互相安慰，寻求解决办法。

"为什么我们不自己创办一家公司呢？"

这个念头像火苗一样，在伯尼·马库斯心中一闪，点燃了压抑多年的激情和梦想。于是，两个人就在这间咖啡店，策划建立一个家居仓储公司。两位失业者为企业制定了一份发展规划、一个"拥有最低价格、最优选择、最好服务"的制胜理念，以及让规划与理念能落地执行的管理制度。从零开始，创办企业。那是 1978 年春天。这，就是后来闻名全球的美国家居仓储公司。他们用了 20 年时间，把一家名不见经传的小公司发展为拥有 775 家店、15 万名员工、年销售 300 亿美元的世界 500 强企业，成为全球零售业发展史上的奇迹。

奇迹始于 20 年前的一句话："你被解雇了！"

"你被解雇了"——是我们所有人在职场中最不愿听到的，但正是这句话，改变了伯尼·马库斯和亚瑟·布兰克两个人的命运。如果不被解雇，他们不会创办美国家居仓储公司；如果不被解雇，他们不会跻身世界 500 强；如果不被解雇，他们现在只是靠退休金度日的垂暮老人。

人生是一次长途旅行，它的美妙之处就是"未知"，你不知道未来会发生什么。当一扇门对你关上，不要把自己也关在里面。因为大千世界，不止一扇门。一定还有另一扇门，等待你去寻找，去打开！

精彩 —赏析—

　　上天给你关上了一扇门，必然会为你打开一扇窗。文中的伯尼·马库斯在49岁时被公司解雇，这对他无疑是一个重大的打击。短暂的迷茫后他重燃斗志，用20年时间创业并把公司发展为世界500强企业。所谓"塞翁失马，焉知非福"，正是那句"你被解雇了"才成就了商业史上的奇迹。多年后的伯尼·马库斯一定会感激解雇他的公司老板，这正像中国古代的苏秦，"使我有洛阳二顷田，安能佩六国相印"。本文告诉我们，生活中不止一扇通往成功的门，遇到挫折不要一味怨天尤人，积极寻找并打开另一扇门才能守得云开见月明。

穷人的竹叶

💮 **心灵寄语**

> 逆境是生活的恩赐，只有在这艰难多舛的路途上留下足迹，才能有资格欣赏缤纷的色彩，只有坚定信仰，去耕耘去创造，才能抵达成功的彼岸。

小时候，他家里非常穷，最大的奢望是能吃一个纯玉米面饼子，平日家里吃的是野菜和玉米面搅在一起的面团子。说是面团，其实只有很少一点面，大部分是他上山挖的苦菜和地瓜秧，咬一口，满嘴苦味，难以下咽。吃下去不消化，肚子一阵阵痛，总想上厕所，可蹲在厕所又便不出来，痛得他大声哭。母亲含泪告诉他多喝水，他喝下一大瓢水，然后再上厕所，便出来都是绿色的。

9 岁那年，村里来了一个科学考察队，带队的是位戴着眼镜、面目和善的中年男人，大家都叫他"熊猫教授"，同来的年轻人是他学生，来山里考察熊猫栖息地的生态环境。男孩儿自告奋勇，每天跟他们上山，给他们带路，听他们讲故事。如果不是他们的到来，他都不知道外面还有一个世界，和这里不一样。他第一次看到他们带来的相机，第一次吃到他们给他的馒头，真是好吃极了。他慢慢咀嚼，不舍得咽下。原来世上还有这么好吃的东西！他吃着吃着，忽然鼻子一酸，哭了。

"熊猫教授"不知他为何伤心难过，急忙问："你怎么了？"

25

他抹了一把眼泪，仰起头，看着教授，"你们天天吃这么好吃的东西，我们这儿的人连见都没见过，叔叔，你能带我走吗？我会带路，会干许多活！"

教授摸着他的头，无限怜爱地说："孩子，没有人愿意吃苦，可是所有吃过的苦不会白吃，会有回报的。"说着，教授抬起手，指着漫山遍野的竹子，问："你知道熊猫为什么吃竹叶吗？"

"因为熊猫天生爱吃竹叶。"

"大家都这样以为，它们天生爱吃。可事实并非如此。熊猫是哺乳类动物，胃肠大小几乎和我们人类一样，而人的大肠下边有一段盲肠，帮助消化，但熊猫没有。熊猫和我们一样，应以食肉、粮为主，可它们生长在寒冷的山区，周围除了竹子，没有别的食物，为了生存，熊猫被迫吃竹叶。最初也不习惯，胃肠不消化，吃进去多少拉出多少，它们就一遍遍吃，再一遍遍拉，到最后，就慢慢适应了。它们是世上生存能力最强的动物之一，无论多么艰苦的环境，都能生存下来。"

教授摘下一片竹叶，递给他："当年我刚大学毕业时，和三位同学一起上山考察熊猫，后来他们受不了山里的苦而放弃了。只有我坚持下来。因为我小时候家里穷，习惯了吃苦。孩子，记住，我们穷人家的孩子，生来一无所有，没什么可吃的，只剩下吃苦了，就像熊猫吃竹叶一样，时间长了就养成能吃苦的习惯，吃苦成为生活中习以为常的事，让我们成为生存能力最强的人！"

也就是这一年，他开始上学了。一个 9 岁的孩子，每天独自往返十几里地去读书，放学后回家还要帮父母干活，挑水，喂猪。周日不上学时，却起得比上学还要早，去山里砍柴、割草，去集市上卖，自己赚学费。这在常人看来，简直难以做到，但他做到了，从小学，到中学，一直到大学。他是村里有史以来第一个考入大学的。

精彩赏析

　　文章开头的动作描写和神态描写可圈可点，生动交代了故事发生的背景及主人公生活的窘境。在物质极其匮乏的小山村，能吃到一个纯玉米面饼子也成了奢望。随着科学考察队的到来，主人公遇到了"熊猫教授"，命运也随之发生了变化。"熊猫教授"以熊猫被迫吃竹叶为例，同时结合自己坚持科学研究的经历，来鼓励主人公直面生活中的困境，以顽强的意志向命运抗争。这告诉我们，有时候眼前的苦难是人生中的一笔宝贵财富，直面苦难，会使你对人生拥有更深刻的认识和理解。

明天谁来埋单

> 在时间点点滴滴的流逝中，我们容易失去取得成功的主动和先机。因此我们必须懂得区分事物的主次，一段时间内的行动和目标、计划都是要围绕主要事情来开展，对未来做好规划，培养一种大局观。

詹姆士在纽约一家跨国公司工作，35岁被派到中国，6年后升为中国区总裁。我和他在一次酒会上相识，我希望采访他，他欣然接受。

采访很顺利，就在快结束时，我提出最后一个问题：公司未来有什么规划？原以为他会像我以前采访的企业家一样，说几句"展望宏图、实现目标"之类的话，没想到，他站起身，从文件柜里拿出一份公司未来15年发展规划书。

这份规划是3年前做的，分析预测从1995年到2010年全球市场环境及发展趋势，包括产业结构和竞争态势，公司品牌战略、市场定位、产品营销，以及新研发项目规划，拓展新的增长点，为未来发展建立完善的组织架构、管理机制等，厚厚的像一本教材。我不禁想起以前采访的本地企业家，他们也有规划，但太宏伟，太抽象，什么赶超一流、进入500强、跻身世界先进行列，少有具体细致、切实可行的规划方案，而且时间最长不过5年。没有像这样做到15年的，太遥远了，谁能想到那时什么样？

詹姆士看出我眼中的疑惑，不无忧虑地说："我来中国这6年，接触了一些中国内地的企业家，他们有一个共同特点：每考察一个项目，先问多长时间能收到回报。当然，注重回报是必须的，我们也要首先考虑。但不同的是，我们至少要做一个5年短期、10~15年中期、30年以上长期计划，而你们的企业家一般只做一两年、最长5年的短期计划，我感到非常惊讶。因为，企业像人一样，是鲜活的生命体，有一个逐渐发展的过程。一个人要学习积累十几年，才能胜任管理工作，却要企业一两岁创辉煌，这怎么可能呢？"

对詹姆士提出的质疑，我解释说："因为国情不同，我们处在社会转型期，机遇比较多，速度相对快。所以这种现象不足为奇。你别不信，真有一岁创辉煌的企业。"

"是吗？但我认为，成功的速度和灭亡的速度是一样的。"詹姆士笑着道，随手一指桌上的报纸，"不信我们打个赌，看这上面宣传报道的企业家，10年后是否存在？"

我怔了一下，连连摇头。这个赌我可不敢打。不要说10年，5年前我采访过的企业，很多都名存实亡了。谁敢保证10年后还安然健在？

詹姆士宽厚地笑笑："罗马不是一天建成的。当然责任也不全在他们，赶上快速发展的年代，人难免浮躁，急功近利。不谈他们了，说说你自己，你的发展规划是什么？"

"我——"

我的脸"腾"的一下红了，我是打工人，哪有什么规划！如果说有，就是每次周会，报要做的选题。

詹姆士吃惊地看着我，打了个手势："你竟然没有一个让自己10年后受益的规划？那每天怎么做事？"

我有些羞愧地说："什么要紧就做什么。一天到晚也没闲着，忙忙碌碌，到年底一复盘，又好像没做什么。再寄希望于明年。"

詹姆士摇了下头，冲我笑笑："中国有句话，有缘千里来相会。我把你当朋友了，所以要说真心话。记住，人生有很多要做的事，但归纳起来分两类：一是紧要的，二是重要的。许多人不成功，因为把大部分时间精力花在眼前的紧要事情上，无暇去做重要的事。我认为正确做法是，用20％的时间处理眼前的紧要事情；而把80％时间留给未来，去做那些现在没收益但以后会叠加增长的重要事情。我就是这样做的，希望你也这样。给自己订个10年规划。不然，到时候你可能会付不起账单。"

直到今天，我依然清晰记得和詹姆士先生的访谈，记得他说的这番真知良言。现在，我不仅付得起账单，银行有存款，还可以去海边晒太阳。过着自己喜欢的悠闲、从容、恬静的生活。这都要感谢你，詹姆士先生，是你给了我一把开启人生的金钥匙。

精彩 赏析

古人云："人无远虑，必有近忧。"本文通过詹姆士和"我"的对话巧妙地说明了这个道理。文中这位成功的企业家高瞻远瞩，对未来有具体细致、切实可行的规划方案。对于我们来说，只有人生规划还远远不够，要把人生的目标、大方向和策略，分解成人生中不同发展阶段的目标及具体措施。在人生规划面前，平庸的人与有才干的人之间有一个重要的区别：平庸的人对生活没有太多奢望，有才干的人心中则有明确的目标。那么，你有一个能让自己10年后受益的详细的规划吗？

剃刀边上的血

🌸**心灵寄语**

> 走出所谓的"舒适区"，放下不切实际的想法，舍弃浮躁和患得患失的初衷，选准方向义无反顾地向前冲，既是一种勇气，更是一种胸怀。

那一年，我在一家知名媒体做记者，工作时间比较自由，不用打卡上班，报选题去采访，采访对象大都是创业者、企业家，他们都很热情地接待我，因为报道刊发后，对企业品牌会起到传播作用。有时应邀参加发布会、研讨会，还会收到主办方发的礼品、交通费，稿件被其他媒体转发，还会收到稿酬，收入相当于外企白领，很多人都羡慕我，但我做得并不开心。

这一行已经做了5年，最初的激情渐渐消失在日复一日的工作中。每天坐在电脑前，想到这些文字生命周期只有一天，第二天就会被别的新闻报道淹没，就失去了写作的动力。真想辞职回家，创作自己喜欢的作品，把埋在心里的故事写出来。但又舍不得走出舒适圈，失去这份报酬优厚的工作，所以内心非常纠结。

五一假期我回到故乡，去拜访父亲的朋友，一位出色的外科医生，人称"白三针"。他姓白，给患者做阑尾炎手术只缝三针，所以得此大名。我有时开玩笑称他"三针"叔叔。他两个月前退休，去国外度假刚回来。一见到他，我立刻想到父亲。父亲去年退休，我劝他外出旅游，可他说，在家日日好，出门天天烦。其实真正的理由是怕花钱。他以前挺大方的，退休后变小气了，总担心退休金不够花，物价还会涨，所以捂紧钱袋，没钱就没有安全感。我想辞职的事没和父亲说，我知道他一定会反对。

"你好像有什么心事？说说看。"

"三针"叔叔觉察出我的小心思，开门见山地问。

我把想辞职专心写作、又担心失去稳定收入、没有安全感的心事向他道出。他听完，微微一笑，抬手指了一下自己的下巴。我看见有一处小小刀痕，渗着一点血迹。

"剃刀划的。"他自嘲地道，"早晨我想刮胡子，却找不到电动剃须刀，可能是丢在酒店了。只好找来好久不用的剃刀，结果刮破了下巴。"

"怎么会？"我瞪大眼睛惊奇地问，要知道，他是一位非常出色的外科医生，握了 30 年手术刀啊！

"是啊，我当时握着那把剃刀，看着上面的血，非常感慨：我是一名外科医生，做过无数次手术，从未出过错。这把剃刀其锋利不及手术刀十分之一，我却割破了自己的下巴！"说到这儿，他停下来，看着我，"你知道这是为什么吗？"

"为什么？"

"因为——我曾经是一名外科医生，划重点：曾经是，现在不是。我从外科医生的位置退下来了，几个月没拿手术刀了，所以才会刮胡子时割破下巴。"说着，他起身出去，返回来时手里拿着那把剃刀，"许多人生活在社会，都想寻求一种安全感，可什么才是安全呢？有时候，你以为是安全的，其实并不安全。就像这把剃刀，有一天上面会沾上你的血。你说它安全还是不安全？其实，世上根本没有绝对安全的安全。你想要获得安全，途径只有一个，就是学会操纵刀的技能！"

　　从家乡回来后，我就辞去报社工作，踏上专职写作之路。我不担心没有稳定收入，我知道，只要我一直在写，收入就会在路上。

精彩 — 赏析 —

　　本文讲述的是"我"厌倦了记者的工作，却没有勇气走出舒适区，最终在"三针"叔叔的点拨下决定重拾初衷，辞去报社工作，踏上专职写作之路。"我"的父亲在退休后也有很多顾虑，与"我"当时的处境暗中呼应，作者借此突出了"三针"叔叔的豁达与洒脱。其实，我们不妨向"三针"叔叔学习，就像他自己所说的，"想要获得安全，途径只有一个，就是学会操纵刀的技能"，兵来将挡，水来土掩，放下顾虑，走出不一样的人生。

躺在雪地上的人

🌷 **心灵寄语**

冰天雪地中，我们拥抱着就能取暖，我们依偎着就能生存……

周末，陪好友参加她大伯的银婚庆典，好友说：你应该好好写写他们，特别是伯母，她这一生真是太难了！当年大伯被打成右派，去黑龙江大森林劳动改造，家人劝伯母和他划清界限，可是她却收拾好行李，和他一起去了黑龙江，一去就是10年。可怜她从小生长在南方，在零下30多摄氏度的北方伐木，手脚都冻伤了！

庆典上，我见到这位历经磨难的伯母，眼中透着慈祥的光，脸上带着和善的笑，看不出苦难岁月留下的痕迹。我给老人送上鲜花，她伸出双手接过去，这时我看到她的手，岁月还是留下痕迹，原本在钢琴黑白键上弹奏乐曲的纤细之手，变成骨节变形、长着厚厚茧子的伐木工人之手。

我无法想象当年的情形，漫长的10年，不是10个月，不是10天，她怎么熬过来的。

难道从未抱怨、后悔、动摇过吗？

等庆典结束，客人离去，我特意留下来，问出心中的疑惑。

老人看着我，淡淡地说："最难最苦的时候，我也怨过，悔过，动摇过。那次，我手脚都被冻伤了，撕裂般的痛，想到第二天还要起来去伐木，心中充满绝望，这样的日子什么时候能到头呀？我狠狠心，明天不去了，收拾行李回家。拿定主意，我去与同来的一位朋友告别。"

"当我说出来意，他既没劝阻我，也未表示赞同。沉默一会儿，说：'我给你讲了个故事吧。'"

有个年轻人，和同伴穿越喜马拉雅山脉，天气非常寒冷，路上是厚厚的冰雪。他们艰难地行进，来到一个山口，前面不远处有一团黑乎乎的东西，走过去一看，是一个人。躺在雪地上，身体冻僵了，鼻孔还有一丝微弱的呼吸。这个年轻人停下来救助他，却被同伴拦住："这人快不行了，带上他未必能救活，反而会拖累我们，很难走出山脉，甚至丢掉自己的性命。"

年轻人看着躺在雪地上的人，不忍心丢下他。如果丢下不管，他肯定会死在冰天雪地。不能见死不救啊，他决定救他。同伴见他主意已定，就和他告别，一个人走了。

年轻人把那个躺在雪地上的人抱起来，放在自己背上，使尽力气背着他往前走。寒风呼啸，雪深路远，每走一步都很艰难。慢慢地，他的体温让那个冻僵的身躯温暖起来，恢复生命的元气。而他自己也不再感到寒冷，身上开始冒出热汗，感到越来越温暖。

再后来，他不用背他了，两人搀扶着一起前行。他们相互鼓励，相互取暖，当他们赶上那个旅伴时，却发现他躺在雪地上——已经死了，是冻死的！

"他的故事讲完了，我还久久沉浸在故事里。回去的路上，我踏着厚厚积雪，发出吱吱响声，眼前浮现出他——我的爱人身影，就在那一刻，我改变主意，决定不走了，留下来陪他。我回到我们的小木屋，第二天，我和他一起出发，踏过厚厚的积雪，去森林里伐木。我们相互搀扶，相互取暖，终于熬过艰难的 10 年！"

老人温和地笑着，眼神飘向远方，仿佛在怀念也在感谢那个躺在雪地上的人。

生活中的事情常常是这样：当你好心救别人的时候，其实无意中也救了自己。

精彩 —赏析——

文章开篇设置悬念，让读者迫切想知道伯母究竟是一个什么样的人，是什么支撑一个女人在严寒下陪丈夫伐木 10 年。第二段通过细腻的外貌描写侧面体现了伯母 10 年来生活的艰辛，"纤细之手"和"伐木工人之手"的对比更令读者动容。接着伯母讲述了自己能坚持下来的原因，除了对丈夫的爱，还有从年轻人穿越雪山的故事中收获的道理。那个故事蕴含着本文的主旨：当寒风吹起，大雪降下，暗夜似乎无边无际，此时我们需要一团火取暖，人与人之间只有相互搀扶才有可能生存下去。很多时候，你对别人的帮助也是对自己的帮助。

带着微笑上路

> 微笑意味着理解和友善，爱意与真诚，微笑是生活中盛开的花朵，是社会里快乐的音符，是连接人与人心灵的纽带。

那年夏天，我去西安参加笔会。赶上暴雨，停机坪积满雨水，飞机无法起飞降落，所有航班都延迟。我坐在候机大厅，周围挤满乘客，有的打电话联络亲友，有的质问服务台何时起飞，更多的是发牢骚，埋怨机场服务不周，不及时通报消息，不供应餐饮。大家吵闹不休，乱哄哄的像农贸市场。

我百无聊赖，去大厅书店买了本《读者》，去咖啡厅找了个位置，坐在那儿漫不经心地读着，消磨时光。不时抬头看看表，已经晚8点了，5点的飞机，如果不是暴雨，现在已经到西安了。

我去咨询处查问航班，前面围满了人，根本过不去。我问旁边一位乘客，他说积水刚清理完，飞机可以降落了，机场正安排调度。

好不容易又熬过一个小时，机场大厅开始广播航班消息：某某航班已经降落，请乘客们准备登机；某某航班延迟到明天，请乘客去大厅门前集合，机场安排住宿。唯独没有我的航班消息。我下午4点到机场，已经等了5个多小时，朋友还在那边等着接我，而我连航班信息都不知道！真是郁闷透了，心情坏到极点！

我强按捺住心中怒气，戴上耳机，边听音乐，边看《读者》。

翻开一页，是篇译作《微笑》，只读了几行，就被吸引住了。

故事是用第一人称写的，发生在二战时，作者是一名飞行员，在一次战斗中不幸被俘，关在单人牢房。第二天，他就要被处决。想到自己生命已进入倒计时，绝望、恐惧让他濒临崩溃。他想抽支烟，安抚一下情绪，他翻遍衣服上的口袋，感谢上帝，总算找到一支皱巴巴的烟。但是没有火柴。

铁窗外面有个士兵，是看管他的狱卒。他壮着胆子向他借火。士兵冷冷地看着他，也许是出于对濒死者的怜悯，他掏出火柴划着火递上前去。

在黑暗的牢房中，在微弱的火柴光下，两人目光撞到一起，他不由自主地咧开嘴，冲士兵微笑了一下。因为他们离得太近了，在那样近的距离，他不可能毫无表情，不由自主地微笑了。士兵惊讶地看着他，嘴角不自然地往上翘了翘，也露出了微笑。

就是这个简单的微笑，让他们身上残存的人性复发，他们不再是穿着不同制服的士兵，不再是分属两个营垒的敌人，而是有着同样血肉之躯、同样思想和情感的人！他们像朋友一样聊了起来，聊自己的家人、孩子。他从皮夹里拿出妻子和孩子的照片给士兵看。士兵也拿出自己家人的照片给他看。士兵告诉他，再过几个月就能回家看孩子了。此时他再也忍不住，满含热泪地说："你命真好，可我再也不能回家见我的亲人，亲吻我的孩子了……"

就在这时，奇迹发生了，士兵竖起食指，示意他别出声。他巡视了一圈，悄悄返回，掏出钥匙，打开牢门，把他送出监狱后门……

这是法国作家哈诺·麦卡锡的作品，根据他的亲身经历写成。我深深沉浸在故事里，丝毫感觉不到周围的喧闹，仿佛一切都静止了。

一个生命就这样被挽救了，这一切仅仅是因为一个微笑！

微笑，是人与人之间最自然的沟通，是心灵深处盛开的花朵，它传递着人类朴素的情感，闪烁着人性特有的光辉。如果我们每个人都能敞开心扉，用微笑去面对彼此，那么，世界将永远充满爱。

微笑是播种机，洒向人间都是爱。

微笑是通行证，从心灵出发，抵达心灵。

雨还在下，我的心中却充满阳光。

航班依然没有消息，但我不再郁闷烦恼。我知道，不管飞机延误多久，我都会带着微笑上路。

精彩
—赏析——

作者通过在机场等候延迟航班的经历，引出二战被停飞行员的故事，使文章在结构上更加顺畅，也为表现文章主题做了铺垫。被停飞行员的故事让人印象深刻，一个小小的微笑，竟然拯救了飞行员的生命。由此可见，微笑不仅仅是一个单纯的表情，更是一种情感的传播，它让我们在灾难面前毫不畏惧，在挫折面前重新振作，它闪烁着人性特有的光辉。愿我们能时刻展露微笑，送自己和他人一缕阳光，一点儿小小的温暖和抬起头去面对风浪的勇气。

租赁人生

> 柴米油盐浸透着星辰大海，锅碗瓢盆盛满了诗和远方，学会善待自己，试着理解生活。

他是我堂弟，以优异成绩考入北京一所重点大学，读计算机专业。学校和专业都是父母为他选的，主要是为了将来好就业。这不足为奇，年龄越大，经历越多，人就越现实，我只是隐隐为堂弟担心，二八年华，正是做梦时节，可别像大人一样，一脚踏入生活，连个梦都不做，把人生编入程序。

"你喜欢计算机专业吗？"我试探着问。

他笑了笑，不以为然地道："无所谓喜欢不喜欢，对我来说，不过是一种谋生工具。"

我心一沉，小小年纪，就这样现实，将来……我不敢往下想。

但他接下来说的话，却让我眼睛一亮。

"我喜欢看世界。现在是互联网时代，计算机是世界语，只要掌握它，一技在身，就可以走遍世界。"他满面春风地道，两眼闪烁着光芒，像一对亮晶晶的星星。

我被他的情绪感染了，兴奋地道："世界很大，你要去哪儿啊？"

"我要去埃及看金字塔，去撒哈拉看大沙漠，去雅典看帕特农神庙……"

听着一连串地名，我心底涌起一丝淡淡苦涩。走遍世界，探索生命和宇宙的奥秘，也是我当年的梦想。可惜大学毕业忙于工作，结婚生子，为家庭所累，到现在连中国还没走遍。

"年轻真好，抓住梦想的翅膀，让脚步像风一样自由！可惜我已回不去了。"我不由感叹，同时也为堂弟祝福，希望他一路走好，让我亲眼见证一个梦想成真的过程。

四年后，堂弟大学毕业进入互联网公司，领到第一个月薪水请我吃饭。

席间，他满面春风谈工作，谈刚交往的女孩。他月薪八千，在中关村与人合租房，除去租金和日常开销，还有结余，可以请女友吃饭，听音乐会，周末去郊外游玩。我问他何时去看金字塔，他犹疑一下，说，现在没条件，以后找机会去。

以后，他工作越来越忙，我们见面机会越来越少，开始每月聚一次，后来变成几个月才聚。

一晃，三年过去了。那天，他打电话说来我家玩，我们已经半年多没见了。

他是谈完客户顺路过来，一身藏青色西装，背着笔记本电脑，标准IT打工人。一见面，他告诉我，准备国庆节结婚，声音透着疲惫，眼神黯淡无光，已没有当年青春的朝气。

我怔怔地看着他，这哪像要结婚的人，不知道的，还以为是七年之痒呢。

"怎么没带女友来，不会是吵架了吧？"我开玩笑道。

"吵架？"他苦笑着摇摇头，"我现在哪有时间吵架，所有精力都用来赚钱。"

"瞧你说的，好像欠了一百万债似的。"

"不止，我背了两百万债——房贷。"

我惊诧地看着他，"这个时候买房！现在房价这么高，你又没

41

多少闲钱，急什么呀？你这么年轻，就把自己未来锁定了！"

"我也不想这样，没办法，父母催我们结婚，结婚就得买房，租房她父母不同意，说必须有一套属于自己的房子！这段时间尽看房了，看得心灰意冷，原来自我感觉不错，看房才知道自己是穷人。辛辛苦苦一个月，只够六环半平方米。首付是父母出，月供得靠自己。唉，我现在什么想法都没有，就一个念头——赚钱还贷。"他愁眉苦脸地说，样子活像是上有老、下有小、埋头讨生活的中年人。

我看着他，想象他的未来——薪水一多半去还月供，每天精打细算过日子，哪儿还有什么金字塔，看场音乐会都是奢侈！他才26岁，青春就这么结束了，一双翅膀还没体验过飞翔的乐趣，就被房子套牢了。房子成了埋葬青春的坟墓。

一种无法遏制的伤感攫住了我，在人生旅途中，我们会提防可能伤害自己的坏人，对不相识的陌生人心怀戒备，把爱和信任留给最亲的人。可有时候，恰恰是亲人的爱束缚了我们，他们以爱的名义，斩断梦想的翅膀，把年轻人打落回地，生儿育女，操持家业，经年累月，一代又一代，重复着同样的生活。要经过多少轮回才能领悟，生活不止衣食住房，还有诗和远方？

其实仔细想想，谁能拥有一套永远属于自己的房子？这是地产商编造的一个美丽谎言。商人逐利，不足为奇，奇的是那么多父母前赴后继、飞蛾扑火般掏空一生积蓄，押上儿女的未来，成就这前无古人、后无来者的盛世地产！

我毫不怀疑父母对子女的爱，也相信他们有一定的生活智慧，但时代不同了，我们的祖辈生活在农业社会，以土地为本，土地是生产资料，房子是生存资本。对他们来说，土地和房子是全部资产，一代又一代传承下去。可是现在社会结构已转型，我们身处以工业文明为基础的商业时代，以人为本，人是推动经济发展的核心资本，城市商品房只是商品而已，没有土地属性，只有商品属性——交易，当价格高于或低于其价值，可以卖出或买入，没有谁会永久拥有。

不仅如此，现在商品房销售是70年产权，相当于长期租赁，却要一次付齐租金。虽然可以按揭贷款，但要支付利息。如果房产增值，抵消利息，可以获利，否则就是失利。现在房地产高增长期已不复存在，政府一再强调，房子是用来住的，不是炒的，其投资价值越来越小。对年轻人来说，资金稀缺，与其押在房产，不如投资自己，学习新知识、新技能，让自己的人生增值。

梦想有一套属于自己的房子，从此过上幸福生活，这无可厚非。但幸福是奋斗出来的，在奋斗过程中，理性选择是租房，而不是被房子绑架。试想，我们的生命是从上帝那里租赁的，没有人可以永久拥有，又如何永久拥有房子？上帝把逝水年华赋予人类，却把永恒的生命给予土地——生命周而复始，土地永不消失，不知上帝为何这么安排，也许是让我们学会珍惜人生，领悟人生，享受人生吧！假如人生像土地一样恒久不变，那就没有人去努力、拼搏、奋斗了！

生命之所以宝贵，就在于它有一天会消失，所以我们要以最美的方式度过一生。生命之美，在于流动。就像鸟儿飞过白云，享受蓝天的美丽；鱼儿穿梭水中，享受海洋的辽阔；风儿吹过大地，享受漂泊的自由；瀑布纵身悬崖，享受跳跃的激情！而我们人类，自诩为高级动物，为何要耗费一生光阴，把自己囚禁在钢筋水泥的洞穴中呢？

人生不过一纸契约，等到租赁期满，上帝就要收回。世间一切原本不属于你，只是暂时寄放在你手上，作为生命的租金，最终交还上帝。唯一属于我们、不会收走的，是这场人生苦旅中，沿途经历的人和事，体验的思想和情感……上天赋予人类以灵魂，就是让我们寻找生命的金字塔，错过它，便是错过生命。别让自己身心两空，枉走这一趟人生。

精彩
—赏析——

　　作者以生动的语言记叙了堂弟的思想转变，从年少时的踌躇满志到临近结婚时的心灰意冷，这样的反差令人唏嘘。接着作者谈起对买房子的看法，从而引出对人生的思考，拔高了文章的思想高度。"上天赋予人类以灵魂，就是让我们寻找生命的金字塔"是全文的点睛之笔，这告诉我们，生命应当被用在真正有意义的事物上。诚然，中国的高房价正束缚着当代年轻人，但这不是怨天尤人的理由，我们仍应坚持追求自己的理想，追求自己想要的生活。不对社会问题冷嘲热讽，不图一时痛快宣泄情绪，让破与立对立统一，让批判与建设相得益彰，如此，方能推动历史的前进。

_____

1.阅读《慷慨的吝啬》，回答下列问题。（12分）

（1）对于"我很喜欢送东西给别人"的行为，作者和她的父亲有何不同的看法？（3分）

_____

_____

（2）请结合上下文理解文中成语"不以为然"的含义。（3分）

_____

_____

（3）父亲的朋友赠送苹果的行为与"我"送东西给别人的行为有何相似之处？（3分）

_____

_____

（4）文章写父亲的朋友赠送苹果的事有何目的？（3分）

_____

_____

2.阅读《另一扇门》，回答下列问题。（8分）

（1）本文讲述了一个什么样的故事？试写出文章大意。（2分）

_____

_____

_____

（2）用"//"将文章分两个部分，并说明理由。（2分）

_____

_____

（3）指出文中第九段中一组数字的表达作用。（2分）

_____

_____

（4）从全文看，文章的标题有什么深刻含义？（2分）

_____

_____

_____

3. 写作训练。（60分）

青少年富于想象，对自己的未来，常有无限的憧憬。请根据你自己的实际和你所接触的社会现实，展开合理的想象，以"这就是未来的我"为题，为未来的自己画像，写一篇不少于600字的记叙文。

_____

_____

_____

百年孤独

🌸 **心灵寄语**

> 伟大之思想者，必行伟大之途，背起行囊，独自旅行，做一个孤独的散步者。

用了三天时间，把《梵·高传》读完了，读到最后一章，梵·高饮弹自杀，与他挚爱的世界诀别，泪水情不自禁流下来。好久不流泪了，又尝到久违的泪水味道，咸中带着苦涩，一如生活。

梵·高离世时只有 37 岁，正是创作的黄金年龄。如果他能多活 37 年，会给世人留下多少佳作呀！可惜天妒英才，命运坎坷，生前只卖出一幅画，大部分时间独自一人待在乡下，陪伴他的，只有画布、颜料和画笔。他用这些构筑起一个属于自己的世界，那是一个与其说是用色彩、不如说是用心血绘成的世界，不为人所知，不被人理解——除了他的弟弟提奥。

梵·高的一生，用世俗眼光看，简直糟糕透顶，一文不名，没有身份，没有地位，没有女人爱他。父母对他失望，认为他一事无成，如果不是提奥十年如一日从物质和精神上支持他，他根本无法生活下去，恐怕连 37 岁都坚持不到。

有人说，提奥就是为梵·高而生。梵·高生前，他是忠实的支持者和资助人，梵·高死后，他沉浸在巨大的悲痛中，无法自拔。6 个月后，也紧随其兄而去。

他们的墓碑紧挨在一起，在另一个世界，他仍然是他的守护神。

我不禁有些质疑，梵·高遇到提奥，到底是幸运呢，亦或是不幸？

假如没有提奥，梵·高或许会找个工作谋生，娶妻生子，过着世俗意义的生活，像我们大多数人一样。那样的话，他可能不会走上艰难的创作之路，成为艺术的奴仆。

但是，人生没有假如，上帝让提奥做梵·高的兄弟，并成为他的资助人，他因此可以安心绘画，但也因此遭人嘲笑。因为在常人看来，男人应该工作，赚钱养家，而绘画不能算是工作，因为不能赚钱。

的确，梵·高生前只出售过一幅画，根本不足以养家，连自己都养活不了。他绘画和生活费用都是提奥资助，仅此一点，就足以令世人不齿，因为一个成年人不应该让人供养！

不只是别人，就连梵·高自己，也心有不安。他在写给提奥那些闪烁着思想光辉的信中，总是不吝笔墨，一遍又一遍地向他陈述，用了几个法郎买颜料，几个法郎买土豆，最近又画了些什么，技艺有所进步。这实在不符合他的性格。之所以这样，无非是向提奥表明，他没有乱花钱，每个法郎都用在刀刃上，买的东西都物有所值。

作为一个成年人，伸手向别人要钱，那种滋味肯定不好受。

梵·高每天早出晚归，疯狂作画，以至于当地人都把他当成疯子。他把创作的画都寄给提奥，他相信，迟早有一天，这些凝结着自己心血的作品，会卖到成千上万的法郎，回报提奥在自己身上的投资。

身为画商的提奥，极力推销哥哥的画，可是它们太超前，超出人们的想象力，无法被世人接受。提奥把画按创作顺序编号，精心保存。他深信，迟早有一天，这些开创一代先河的艺术杰作，会被世人欣赏。

兄弟俩谁也没想到，这一天，会等得那么久。直到生命结束，都没有看到。

1890 年 7 月 29 日，巴黎附近小镇奥维尔，37 岁的梵·高站在画过无数次的金黄色麦田，望着光芒万丈的太阳，他太累了，艺术抽干了他的精髓，贫穷耗尽了他的身体，他不愿再侍奉这一身皮囊。他掏出枪，对着腹部，扣动扳机……

1990 年 5 月 15 日，纽约克里斯蒂拍卖行，梵·高的名画《加歇医生像》以 8250 万美元天价被一位日本商人买走，创下当时绘画最高拍卖纪录。此时距梵·高自杀身亡，相隔百年。

梵·高生前孤独，死后多年才开始被人关注。直到一百年后，他作为后印象派艺术大师，被世界公认。

伟大，是孤独铸就的。

而提奥呢，他应该是有史以来最伟大的风险投资家，只不过这项投资带来的回报，他自己无法享受了，把它献给世界——他曾经生活并热爱的这个世界。

精彩 —赏析—

有诗云："国家不幸诗家幸，赋到沧桑句便工。"艺术家的不幸是艺术的大幸，梵·高的一生是对"孤独造就伟大"的完美诠释：才华横溢，穷困潦倒，孤僻抑郁，千古留名。作者以简练的语言向我们展示了梵·高短暂而精彩的生命，夹叙夹议，表现出对梵·高的赞美与惋惜。正如文章结尾所说，伟大，是孤独铸就的。孤独把灵魂磨砺成纯净的晶体，在无边的黑暗中闪烁着光芒。只有走过千山万水，受过千难万苦，灵魂才会在默然中升华，在淡然中成熟，在欣然中崇高。

寂寞的耳朵

> 放慢脚步，去和人类伟大的灵魂对话，让心灵不再寂寞，不再荒芜。

有一次，朋友问爱因斯坦："死亡意味着什么？"爱因斯坦回答说："意味着再也听不到莫扎特的音乐了。"

爱因斯坦因创立相对论获得诺贝尔奖，成为举世闻名的科学家。朋友之所以这样问，是想让他从相对论角度，谈谈生命与死亡。但在爱因斯坦眼里，相对论已成为过去，莫扎特却是永恒，音乐的魅力胜于科学。

了解爱因斯坦的都知道，他不仅是思维严谨的科学家，还是狂热的音乐发烧友，是莫扎特的超级粉丝。他有一把名贵小提琴，总是随身携带。每当夜幕降临，结束一天的工作，他就拿出小提琴，演奏莫扎特的曲子，放松紧绷一天的神经，陶醉在优美的旋律中，这是他的"soul mate"（灵魂伴侣）。

爱因斯坦常对朋友说，是音乐给了他灵感，令他创立相对论。

因此，与其说相对论是一个物理公式，不如说是一行美妙的音符。这行改变世界、改变人类进程的音符，属于爱因斯坦，也属于莫扎特。

现在，这位科学巨匠早已作别人世，如他所说，再也听不到莫扎特的音乐了！而我们活着的人，有幸还可以听。我不知道，现在有多少人听莫扎特的音乐，也许不会有很多吧。因为大家都很忙，忙升学、找工作，忙应酬、谈生意，没有多少闲暇听莫扎特。我们很多人是在咖啡厅里，一边聊天一边听音乐，莫扎特成了背景。偶尔听场音乐会，还要开着手机，一只耳朵听音乐，一只耳朵听电话……

还有些人，可能从未听过莫扎特，让耳朵寂寞着。在他们看来，耳朵是沟通交流的工具，听人说话，听流行歌曲……在充满喧哗与骚动的互联网时代，安静地听一首莫扎特的小夜曲，未免太"凡尔赛了"。

莫扎特，这位圣洁的音乐天使，似乎离我们的生活越来越远。但也不尽然。前几天从网上看到，心理医生研究推广一种新疗法——音乐疗法，给抑郁症患者放莫扎特乐曲，几个疗程之后，病情明显好转。

不仅如此，畜牧业也在大力推广莫扎特，给奶牛播放莫扎特的乐曲，调动奶牛的情绪，增加食欲，从而提高牛奶产量。

现代人整日为生活奔波，没有闲暇听莫扎特，但可以喝听莫扎特乐曲的奶牛挤出的牛奶，也算间接分享了莫扎特。如果莫扎特在天有灵，不知作何感想！

听人说话，耳朵充当语言工具，这是倾听的最低境界。听人唱歌，耳朵充当情感媒介，这是倾听的第二境界。最高境界是听古典音乐，那些凝结大师心血的杰作，传递的不只是声音，而是情感与思想的流动盛宴！不是用耳朵，是用心灵去倾听！

用心灵倾听，你会得到灵感——灵魂的感动！

可惜，有多少人，一生未曾有过这样的时刻，让耳朵和心灵都寂寞着……

精彩
—**赏**析——

　　作者通过伟大科学家爱因斯坦的话语引出莫扎特这位伟大的音乐家，侧面突出了莫扎特对世界的影响之大。文章花费了大量的笔墨来描写莫扎特的音乐，但其实音乐只是艺术的一种载体，作者真正想表达的是伟大的艺术对人心灵的影响。在当今快节奏的社会环境中，作者呼吁我们放慢脚步，去欣赏去感受高雅艺术的美。文章列举了大量事例，如爱因斯坦喜爱莫扎特的曲子，心理医生研究音乐疗法，畜牧业也在大力推广莫扎特，这些都表现了艺术对生活的正面影响，具有强烈的现实意义。

学会低头

🌸 **心灵寄语**

> 空虚的麦穗总是昂头望着天空，饱满的麦穗则会低头看着大地。

被称为"美国之父"的富兰克林，年轻时去拜访一位前辈。那时他心高气盛，抬头挺胸迈着大步，一进门，额头狠狠地撞在门框上，疼得他倒退一步，用手揉搓额头，气恼地看着比他身高略低的门。

前辈出来迎接他，恰好看到这一幕："很痛吧！这是你今天来我这儿的最大收获。"

富兰克林不解地看着前辈："为什么？"

"因为，一个人要想平安活在世上，就必须时时刻刻记住'低头'。"

富兰克林把前辈的教导铭记心上，列入一生的生活准则之中。这对他后来功绩卓绝、成为一代伟人不无帮助。

年轻人容易犯的通病就是心高气盛、恃才傲物，以为自己是鸿鹄，别人都是燕雀，眼睛总是高高向上，不把周围的一切放在眼里。直到有一天，被眼前的门框撞了头，才发现门比自己想象的要矮。

要想进入一扇门，必须让自己的头比门框更矮；要想登上成功顶峰，必须低下头、弯起腰做好攀登准备。

登上顶峰的成功者，不论在舞台上发表演说，还是乘机出访，总是微微低着头，俯视下边的人群，因为他们站在高处；而下面围观聆听的仰慕者，总是高高抬起头，仰视台上的偶像，因为他们站在低处。

只有站在低处的人，才总是高高抬着头，他脚下什么都没有，只能往上看。

精彩
—赏析—

年轻的富兰克林心高气盛不懂得低头，额头却狠狠地撞在门框上。前辈告诫他做人需时刻谨记"低头"的智慧，这成了他人生的信条，最终帮助他取得了非凡的成就。大海之所以能容纳百川，是因为它把自己放在最低处，于是有了广阔与浩瀚。我们在坎坷的人生旅途中奔跑，如果不懂得低头，就看不清脚下的陷阱，也找不到前进的路。在多种社会关系错综交织的生活中，如果不懂得低头，一味昂首挺胸、心高气傲，势必会与他人相互碰撞，从而出现不必要的伤痕。

借钱的利息

> 尽管利来利往的市井俗媚将纯洁的友谊染上了污渍，但我们仍要选择捧出真诚，友情的定义是坦荡中的愉悦，理解中的幸福，任何功利的逢迎应和，留给我们的只能是隐隐作痛的悔过。

一天中最好的时光是晚上。做完白天该做的事，捧一本书，倚灯夜读，实乃人生一大乐事。这几日在读陈之藩的散文。这位旅居海外的自然科学家，只是业余时间写作，但他的写作风格，在当代散文史上卓然一家。文字清新雅致、一尘不染，如行云流水、天然合一。其蕴含的独特思想，让人受益匪浅，如同赴一场心灵盛宴。

在一篇文章中，陈之藩追忆和胡适先生的一段交往。在他还是一名穷学生时，想去国外求学，却买不起一张横跨太平洋的船票。胡适先生得知，慷慨解囊，鼎力资助，借给他大洋四百元。读到此，我不由想起好友讲过的一件往事。

当年，他初到深圳，结识一位朋友，两人一起合租房，关系越来越好，花钱不分你我。后来，这位朋友买房要装修，一时手头紧，他慷慨解囊，借他两万元。以后两人照常来往，彼此都不提钱的事。

有一天，他们一起喝酒，朋友半开玩笑半认真地说："我还欠你两万元呢！过几天给你。"他随口道："先放你那吧，反正我现在也不用。"朋友说："好，你用时告诉我。"

一年后，他自己也买了房子，也要装修，一时手头紧，就想起借给朋友的两万元，可又不好开口要，就去找姐姐借。想不到姐姐故意把这事告诉了那位朋友。第二天，朋友送来两万元钱，摆一张冷脸。不管他怎么解释，朋友认定是他让姐姐这么做的。从此，两人形同陌路。

无独有偶，他的另一位好友，有一天突然跑来找他，说和老板吵架一生气辞职了，想自己开饭店，但是钱不够，想和他借点。他大度地说："行，没问题，多少？"

"十万。"

他听了吓一跳："我的钱都在股市里，手头没那么多。"

"那就抛点呗。你别担心，我付利息给你。"

一句话，让他好一顿伤心。最终，他没借钱给朋友，在他说要付利息那一刻，他在他心中的位置已不存在了。既然如此，不借也罢。

他最好的两位朋友，都因借钱借丢了。正如台湾作家李敖所说："借给朋友钱，顺便也把朋友借走了。日后若能收回钱，就又多了一个朋友。"可惜，他收回钱，却未能收回朋友。

钱是试金石，最能试出友情的分量。可惜现代人的友情，大都是经不住金钱一试的仿真友情。

也许受他影响，我从不借钱给别人，也不向别人借钱。我们之间能长久来往，也许正缘于此。没有金钱参与的友情，简单而轻松。

不过，凡事不能一概而论，胡适先生就肯借钱给陈之藩。后来，当陈之藩有能力还款时，胡适给他写了一封信："其实你不应该这样急于还此四百元。我借出的钱，从来不盼望收回，因为我知道，我借出的钱总是'一本万利'，永远有利息在人间。"

现在，我和陈之藩的读者们，不就在享用这份利息吗！

看来，钱不是该不该借，而是看借给谁，只要有利息在人间，该出手时就出手。

精彩赏析

文章共列举了三个事例：陈之藩想去海外留学，胡适慷慨相助，借其大洋四百元；两位要好的朋友因借钱的问题而形同陌路；一人向另一人借钱，因说付利息，而被拒绝。这三个事例都与金钱有关，但结局却不同。最后作者通过第一个事例回归文章的主题，告诉读者如果友情没有金钱参与会简单而轻松，并不是说不能借给朋友钱，而是看借出去的钱有没有"利息"。这里的"利息"是指精神上的回报，如增进了朋友之间的感情、获得了深刻的启迪等。文中的价值观值得我们思考，但不能照搬进自己的生活，还要具体问题具体分析。

人生不需要太多行李

❀ 心灵寄语

> "生如逆旅，一苇以航"。人生途中若不带一件行李，未免近似于流浪；而若过分为行李所累，时时背负、刻刻看顾，则会遮蔽远眺星空的眼眸。

这是多年前我看到的一个真实故事，深深地打动我。

大卫是纽约一家报社记者，因为工作经常出差，满世界地跑新闻。

那天，他要外出采访，像往常一样收拾好行李，一共三件，一个大皮箱装了几件衬衣、几条领带和一套晚礼服。一个小皮箱装采访用的照相机、笔记本和资料。还有一个小皮包装出门必备的剃须刀之类的生活用品。然后他像往常一样和妻子匆匆告别奔向机场。

到了机场，工作人员通知，他要搭乘的飞机因故不能起飞，只好换乘下一班飞机。在机场等了两个多小时，终于乘上航班。飞机起飞后，他像往常一样开始计划到达目的地的行程安排，利用飞行时间做采访前准备。突然，飞机剧烈震荡了一下，接着又是几下震荡。他脑海里第一个反应是：遇到故障了。这时播音器传来空中小姐声音，告诉大家系好安全带，飞机只是遇到气流，一会儿就好了。

大卫靠在坐椅上，出于职业敏感，他从刚才的震荡中意识到，飞机遇到的麻烦不像空中小姐说得那么简单。果然，飞机又连续几次震荡，而且越来越剧烈。乘客们有些惊慌。播音器又传来空中小姐的声音，飞机出现故障，已和机场取得联系，设法安全返回。现在飞机正在下落，为了安全起见，要求乘客把行李交给乘务员扔掉，以减轻机上重量。

乘客们顿时惊恐起来，空乘急忙安抚。大卫让自己保持冷静，把大皮箱从行李架上取下，交给乘务员扔掉。随后又把随身带的小皮包交出去。飞机还在下落，大卫犹豫片刻，把装有采访设备的小皮箱取下交给乘务员。飞机下落速度减小了，但依然震动得很厉害，乘客们越加惊恐，婴儿大声哭叫，几个女人也在哭泣。

大卫也有些恐惧，如果不能安全返回怎么办？早晨告别时太匆忙，只是匆匆吻了下妻子，假如他们就此永别，这会是终生遗憾。他摸了摸身上的口袋，掏出钢笔和记事本，从本上撕下一张纸，匆匆给妻子写下简短的遗书："亲爱的，如果我走了，请别太悲伤。我在一个月前买了意外保险，放在书架第一层的夹页里，我还没来得及告诉你，没想到这么快会用上。如果我出了意外，你从我身上发现这张纸条，找到那张保险单，虽然数额不大，但会帮你付一些账单的。原谅我，不能继续爱你。请你一定要幸福地活下去！爱你的大卫。"

大卫写完，把纸条叠好放进贴身口袋，然后便把笔和记事本——他身上最后两样东西一起扔了出去。他极力抑制内心的恐惧，去安抚那些因恐惧而恸哭的妇女儿童，帮他们穿上救生衣，劝慰他们不要害怕，关键时刻越是冷静危险越小，生还的可能性越大。这时播音器里传来机长的声音，他要驾机迫降！要乘客做好准备。

最后时刻终于到了，大卫闭上眼睛，痛苦地在心中和妻子、亲友做最后告别。在一阵刺耳的尖叫和巨大的轰隆声中，飞机迫降，与地面剧烈撞击，大卫被从座位上弹起，失去知觉。

在一片哭喊中，大卫睁开眼睛，发现自己还活着！眼前的一切惨不忍睹，有的倒在地上，有的在流血、痛苦地呻吟！大卫挣扎着站起来，加入救助伤员的队伍中。当他妻子哭着向他奔来时，他怀中抱着不知谁家的孩子，贴身口袋装着给妻子的遗言。他和妻子紧紧拥抱在一起！这一次，他深深地、长长地吻着早晨刚刚别离却仿佛别了一世的妻子！

机上乘客只有三分之一得以生还，而大卫竟然毫发无损，真是奇迹。当然他损失了三件行李，损失了一次采到好新闻的机会，不过他自己倒上了纽约各大报纸头版。

许多时候，人生并不需要太多的行李，只要一样就够了：爱。

精彩 赏析

在生死存亡之际，大卫才明白平时很重要的行李此刻全是负担，他放弃皮箱，放弃采访设备，只留下给妻子的遗书，只留下对妻子的爱。人生也是这样，其他的行李都会随时间流逝而失去价值，唯有人与人之间的爱是永恒的。这个故事告诉我们：人生不需要太多行李，莫为了兼顾外物而妨害根本，以致拖累前行的脚步，遮住真诚的目光。我们应精简行李，脚步轻快地出发，带上内心的指南针，满载人间真情，行歌于莽莽荒野！

省略阳光

🌸 心灵寄语

> 狡猾的小聪明并非真正的明智。它们虽然能登堂却不能入室，虽能取巧却无大智。靠这些小术要得逞于世，最终还是行不通的。
>
> ——培根

　　一家国际贸易公司高薪招聘业务员，应征者不暇。在众多应聘者中，有一位年轻人条件最好，毕业于名牌大学，又有外贸公司三年工作经验。他坐在主考官面前，非常自信。

　　"你在外贸具体做什么？"主考官开始发问。

　　"做山野菜。"

　　"哦，做山野菜。那你说说，对业务人员来说，是产品重要，还是客户重要？"

　　年轻人想了想，"客户重要。"

　　主考官看了看他，又问："你做山野菜应该知道，蕨菜主要出口日本，以前销路非常好，有多少收多少，可是最近几年，日本却不要了。你说说为什么？"

　　"因为菜不好。"

　　"为什么不好？"

　　"嗯，"年轻人停顿了一下，"就是质量不好。"

主考官看了看他，"我敢断定，你没有去过产地。"

年轻人垂下眼帘，不敢正视主考官的眼睛。沉默了 30 秒，没有说是，也没有说不是，却反问："你怎么能看出我去没去过产地？"

"如果你去过产地，就应该知道为什么菜不好。蕨菜采集的最佳时间只有 10 天左右，在这期间非常鲜嫩好吃，早了不成，晚了就老了。采好后，要摊开放在地里晾晒一天，第二天翻个过，再晾晒一天，把水分蒸发干，然后再成捆绑好，装箱。等食用时放在凉水里浸泡一下就可以了。可是当地农民为了多采多卖，把蕨菜采到家，来不及放在地上用阳光晾晒，而是放在炕上，点火加热，只需两个小时就烘干了。这样加工处理的蕨菜，从外表上看都一样，可是食用时，不管放在水里怎么泡，都像老树根一样，又老又硬，根本咬不动。日方发现后，对此提出警告，一次，两次，还是如此。结果，人家干脆封杀，再不从我国进口了！"

年轻人听了，不好意思地低下头，"我是没有去过产地。所以也不知道你说的这些事。"

他带着遗憾走出公司大楼。这位最有希望入选的年轻人，最终没有被录取。这样的结局，从离开主考官那一刻，他就知道了。他非常清楚：像这样著名的国际大公司，是不会录取像他这样在外贸工作三年、整天陪客户吃饭，却没有去过一次产地的业务人员的！他就像那些一心想加工速成蕨菜的农民，省略了两天的阳光，但最终被烘干的却是自己！

精彩
——**赏**析——

　　文中种植蕨菜的农民为了多采多卖，省略了把蕨菜晒干的步骤，转而放在炕上烘干，导致蕨菜又老又硬，客户不再购买；应聘的年轻人好高骛远，在外贸工作三年却只会做表面文章，没去过一次产地，最终与高薪工作失之交臂。他们都被功利蒙蔽了双眼，一味投机取巧，省去了做人做事最关键的一步，自然不会成功。文章告诉我们，做人要摒弃浮躁、脚踏实地，不因为事物的微小而粗心大意；不因为前路的艰险而投机倒把，这样才能成就一番事业。

两元钱改变命运

💮 **心灵寄语**

> 纵有疾风起，人生不言弃。成功不是一蹴而就的，想要获得幸福、拥有辉煌，就得去拼搏、去奋斗，就得左右自己，做命运的主人。

两个刚出校门的年轻人，结伴去海南打工。

像所有怀揣梦想、两手空空的打工人一样，他们住最便宜、条件差的旅馆。几个人挤在 10 平方米的房间，闷热、狭小，混合着汗味、脚臭，还有墙角发霉的气味，加上蚊虫叮咬，简直无法入睡。但他们只能忍着。第二天一早，就跑出去找工作。

第一份工送矿泉水，每送一桶水能赚一块钱，没有交通工具，只能步行肩扛。第一天送了 8 桶，累得大汗淋漓，差点儿中暑晕倒。两人一商量，这样下去不行，身体吃不消不说，也赚不到钱。于是去旧货市场买了辆旧自行车，挨家挨户送水，最多一天送 50 桶。

水站一星期结算一次工资。好不容易盼到周末，两人兴高采烈地去领工资，迎接他们的是一把将军锁。里面东西都搬空了，水站老板拿钱跑路了，他们的工资泡汤了。此时两人身上的钱，只有 22 元 3 角。

旅店不能住了，虽然每晚只收 10 元钱，他们也付不起。两人并没气馁，互相鼓励，白天奔波找工作，晚上露宿大桥下，和一群来自五湖四海的打工仔为伍。起初他们以为这些人是民工，靠出卖体力赚血汗钱，住了几天混熟了，才知道有不少也和他们一样，受过高等教育。有一位已经来了半年，换过无数工作，不是被骗，就是没有业绩。

时间是最消耗意志的。日子一天天过去，他们还没有找到工作，钱却在一天天减少，尽管已把每天的开销降到最低。到了第7天，两人身上的钱加起来，只有4元8角。用8角钱买了袋方便面，你一口我一口合着吃，吃着吃着就觉喉头有些哽咽，吃不下去了。

"我们回家吧！我受不了了！"其中一位呜咽着说。

另一位本也有些泄气，但一见同伴这样，心想自己千万不能气馁，打起精神劝他道："别说这种泄气的话。我们不是说好，不混出个人样，决不回去。再坚持一下，也许明天能找到工作！"

他苦口婆心，最后没能说服同伴，只好随他去。他把两人共有财产——4元钱一分为二，每人一份。同伴拿着这最后两元钱，去附近的公用电话亭，给家里打电话，让家人寄路费来。看着同伴离去，一瞬间他有些犹豫，但仅仅是一瞬间，随后毅然转过身，向另一个方向走去。

他去了海口市人才市场。用仅有的两元钱，买了一张应聘表，应聘去一家广告公司，成了一名业务员。

后面的故事很励志，他从业务员干到业务经理，最终成为公司合伙人。其中的艰辛和挫折只有他自己知道。而他的同伴，当年和他一起出来寻梦的年轻人，早已没有了梦，在家乡小城拿着一份微薄的薪水，过着入不敷出的紧巴日子。

同样是两元钱，可以讨一张回程票，也可以买一张应聘表。而命运却迥然不同。

精彩
—**赏**析——

　　文中的两个年轻人怀揣热血去追寻梦想，他们都陷入了泥泞，一人选择放弃——用最后的两元钱打电话讨要了回家的车票；一人选择坚持——用两元钱买了应聘表。他们的选择不同，命运也是截然不同的。很多时候我们只要再咬牙坚持一下就能看到希望，可生活中仍有很多人在追梦的路上半途而废。古今中外成大事者，须有坚韧不拔的意志，坚持让平凡变成伟大，但是浅尝辄止，会沦为生活的懦夫、命运的俘虏。坚持梦想，执着追求，总有一天你会收获成功。

————————

这件事与你我有关

💮 **心灵寄语**

> 如果天空是黑暗的，那就摸黑生存；如果发出声音是危险的，那就保持沉默；如果自觉无力发光，那就蜷伏于墙角。但不要习惯了黑暗就为黑暗辩护；不要为自己的苟且而得意；不要嘲讽那些比自己更勇敢热情的人们。我们可以卑微如尘土，不可扭曲如蛆虫。
>
> ——曼德拉

在网上看到一则消息，一对来华工作的加拿大夫妇，出于同情，收留一位无家可归的乞讨者，引起周围邻居不满。因为乞讨者衣衫褴褛，每天出入，影响小区形象。更让大家不安的，怕他在小区行窃，甚至行凶伤人。于是，业主联名告到物业，要求把乞讨者从加拿大夫妇家中驱赶出去。

消息报出，引发热议。有的指责业主冷漠无情，不如老外有爱心，向弱者伸出同情之手。有的指责加拿大夫妇多管闲事，爱心泛滥，给邻居添乱。

我翻看网友评论，不知怎么，想起发生在美国的一件惨案。1969 年 8 月 9 日，著名电影导演罗曼·波兰斯基的妻子在家中被害，同时被害的还有三位成年人和一个未出世的婴儿，手段非常残忍，惨案震惊全美。

　　人们还没来得及从这起疯狂、血腥的惨案中缓过气来，第二天，悲剧再次重演，莱诺夫妇——一家连锁店业主，被以同样残忍的手段杀害！

　　两起谋杀案均未有财物丢失，加上作案手段之残忍，人们纷纷猜测是恐怖组织或邪教组织所为。一时间，惊惧与恐慌在洛杉矶蔓延，人们取消各种活动、约会，购买枪支、雇佣保安。为尽快将凶手捉拿归案，波兰斯基和朋友捐款 25 000 美元，重金悬赏能提供线索的人。

　　洛杉矶警察局投入全部人力、物力展开调查，但是，凶手未在现场留下证据，使得侦破工作难以进展。两个月过去了，凶手依然逍遥法外。

　　案发后第三个月，警方终于找到突破口，有个犯罪嫌疑人，在狱中向同伴提到一位叫查理的男人，是他们的"头儿"，策划并指导他们执行谋杀。警方据此线索，找到并逮捕了查理，以一级谋杀罪对其起诉。

　　查理·曼森是被遗弃的私生子，童年基本在教养学校度过，10岁就开始抢劫、盗窃，在犯罪、入狱和假释中度过其青春岁月。当他32岁被释放时，已累计在狱中度过17年。他智商很高，聪明过人，虽没受过什么教育，但在构思、组织和指导犯罪方面，无师自通。出狱后不久，他纠集一群社会闲散人员、问题青年、无家可归者，策划并实施谋杀。之所以选择波兰斯基家，仅仅因为查理经过时问路，被"冷漠"地打发走了！这个"谋杀理由"让人不寒而栗！

　　查理拒绝律师为他辩护。在法庭上，他用傲慢、蔑视的目光扫视法官、检察官和陪审员，指着被告席上的同案犯，高声为自己辩护，"这些孩子拿着刀扑向你们，可他们是你们的孩子！是你们教育了他们。我没有教过他们什么，我只是尽量帮助他们站起来……为了不进监狱，我曾经从你们的垃圾桶里扒东西吃，穿过你们穿旧不要的衣服……我曾尽最大努力在你们的世界里生存，而现在你们却想杀死我。"说到这，查理停住，冷笑几声，用手指着自己胸口，"你们想杀了我？而我已经死了，死了一辈子了！我在你们建造的坟墓里度过 32 年！"

最终，查理·曼森以一级谋杀罪名被判死刑，结束了他罪恶累累的一生。

查理·曼森死了，但是，他在法庭上说的话和他犯下的令人发指的罪行，让人久久无法忘怀！人们开始思索、反思。是谁培养、教育了查理？和那些与查理一样的人？他们来到人世时，像所有婴儿一样，纯洁、无知，瞪着一双清澈的眼睛，好奇地看着陌生的世界。那时他们不会想到，有一天会拿着刀子扑向人群！不会想到被关进监狱，送上绞架！没有人喜欢监狱，即使是查理这样的人。他曾努力想在一个正常的、温暖的世界生存，但最终却走向另一端……

查理在法庭上说，他在被判决之前就已经死了。只有死掉的人才会做出那令人发指的暴行！只有死掉的人才会对监狱和绞架无动于衷！但这要怪谁呢？他并非生而求死，他是被遗弃他的父母杀死的，被这个冷漠的社会杀死的！

犯罪固然可怕，但更可怕的是产生犯罪的根源。在一切犯罪根源中，贫穷位居首位。也许你觉得，那些流落在外的乞讨者、无家可归者与你无关，但事实并非如此。我们赖以生存的社会是一个结构缜密、互为依存的整体；是一个环环相扣、不可分割的链条，没有人可以单独存在。发生在世上的每件事、存在的每个人，都与你有关。要知道，街上每增加一个流浪者，就增加一分不安定因素。当你伸手相助时，是在减少自己和周围人的风险。反之，如果你冷漠地拒绝——或许就在这一瞬间，已经为他开了一张通向监狱的路条。

精彩 ——赏析——

本文通过一则关于收留乞讨者的事件引出查理·曼森的故事，进而对人性展开一系列思考。作者不是为查理·曼森的行为开脱——不论遭遇何种冷漠都不是报复他人的理由，作者意在告诫我们社会是一个结构缜密的整体，没有人可以单独存在。当我们向遇难的人伸出援手，社会中就可能少一起犯罪。鲁迅说："无穷的远方，无数的人们，都和我有关。"尽管我们无法达到那样的格局，我们仍可以尽自己所能帮助身边的人，人人献出一点爱心，明天将会更好。

每种改变都要付出代价

🌸 **心灵寄语**

> 改变，需要的不仅仅是坚定的毅力、昂扬的斗志和不顾一切地勇气，更要有付出代价的决心。

年初，朋友从公司辞职，与人合伙创办一家电脑网络公司，需要租一间办公室。去了几个地方，最后选中离市中心稍远但交通方便的一栋写字楼。楼主是外地的一位农民，干装修发家后买了这栋楼，一共八层，一层是大堂，二层和顶层他自己公司用，三层至七层出租。朋友去的时候，四层至七层已租满，三层空闲，朋友就选了三层一间 60 平方米房间，签订两年租赁合同。交了房租，搬进去开始办公。

整个三楼只有他们一家公司办公，每天进进出出，倒也方便。但这种情况只持续了三个多月。五一节前，楼主在报上登写字间租赁广告，广告一出，三楼就变得热闹起来，进进出出人很多，都是来看房子的。朋友并没在意，因为别人租房和他无关。接着，就到五一节了，朋友关了公司，外出度假去了。节后回来一上班，楼主就来找他，态度诚恳，和他商量："有一家公司想要租用一层楼，现在三层只有你一家公司，四楼刚好倒出一个空房间，而且装修过，想让你们搬上去。你可以先去看看房间。"

朋友听了，感到有些突然，本没打算搬家，但是看到人家态度诚恳，又不好拒绝，就答应上楼看看房间再说。四层看上去比三层好，房间装修过，且面积大，有 100 平方米。朋友心想："房间不错，不如就答应搬上来，把三层倒出来让他租给别人。这样大家都好。"

想不到朋友还没开口，楼主却说："这个房间比你楼下的大，我让人从柱子那夹开，这样这个房间和你楼下的面积一样。"

朋友听了，很不高兴，心想："一样的面积，我为什么要搬？三层那间办公室已经租给我了，你无权再整层出租。"于是，朋友微微一笑，说："我不想搬。"说完，一扭头下楼了。

过了两天，楼主又来找他，态度更加诚恳："我知道，我们无权让你搬走。但是，你知道现在房子不好租，我们打了几期广告，好不容易才找到租户，而且要租一整层。所以请你帮帮忙，就算我求你了，你搬上去，房间我也不夹开了，都给你用，多出的面积今年内不算租金，明年按面积增加算。你看这样行不行？"

朋友摇摇头："不行，我是按照我的预算租下这间办公室，不想有改变，如果改变，那也一定是按照我的意愿，而不是别人强加给我的。"

一个星期后，楼主第三次下来，找到我的朋友，此时，他已经知道，仅有态度是不够的，忍痛做出最后让步："如果你愿意，四层那个房间整个都给你用，两年内租金不变，还按原来的，搬家人力、费用由我公司出。"

朋友听了，微笑着点点头，"我可以答应你，我知道，你已经为此付出了代价，如果我拒绝，你损失会更大。所以你看，每一种改变都要付出代价。从一开始，你就应该知道。那样，我们也不会拖到今天。"

接下来发生的事，不难预料：双方签订了一份补充协议，第二天，朋友就搬到四层办公。但是，接下来发生的事，却大大出乎意料，谁也没想到，原先想租用三层楼的那家公司，因为等不及，选定了别处的一层写字楼。

每一种改变都需要付出代价，你可以少付代价，但是不可能不付。如果你想不付一点代价，结果往往会付出更大的代价。

精彩
—赏析—

文中的楼主想让三层唯一的租户搬去四楼，但不想给出足够的优惠，于是一拖再拖，最终租户得到想要的优惠搬到四楼，但原先想租用三层楼的那家公司却选定了别处的一层写字楼，这对楼主来说真是得不偿失。这个故事告诉我们改变既定的事实往往需要付出代价，如想要提高学习成绩就要付出大量时间和精力想要获得真挚的友情就要卸下心灵的防备等。蝴蝶纵然是美丽的，可破茧成蝶的瞬间有着巨大痛苦，这就是选择改变要付出的代价。但改变意味着崭新的明天，为此，我们义无反顾。

1. 阅读《学会低头》回答下列问题。（11分）

（1）第二段中"这"指什么？为什么说他是最大收获？（4分）

_____

_____

（2）文中第四段中的词语低头的含义是什么？（3分）

_____

_____

_____

（3）删去本文最后一段好不好？为什么？（4分）

_____

_____

_____

2. 阅读《省略阳光》，回答下列问题。（9分）

（1）"他坐在主考官面前时，非常自信"，请说说"他"自信的理由是什么。（2分）

_____

_____

（2）主考官只问了两个问题就断言，"年轻人"没去过产地，主考官的依据是什么？"年轻人"针对主考官的断言，为什么沉默了30秒钟？（2分）

_____

_____

（3）从主考官对"年轻人"提问及回答中可以看出主考官是一个怎样的人？（2分）

_____

_____

（4）文中的"阳光"和"烘干"分别象征着什么？请说一说你的理解。（3分）

_____

_____

3. 写作训练。（60分）

每个人都有过成功的经历。不管这成功是大是小，被人承认还是不为人知，都会使人感受喜悦，得到激励。请以"一次成功的喜悦"为题，写一篇文章，记下你的一次成功的经历，写出自己的心理体验。不少于600字。

迟到的日出

🌷**心灵寄语**

　　日出之美，在于它给世人以希望。在黎明，诞生出照耀世间的光辉。

　　国庆节，准备带女儿去海洋岛玩。

　　行前，问父亲："节日有何打算？"

　　"我早就想好了，去北大桥酒店订一个房间，看日出。"

　　我抬头看父亲，真想问问他，当年闯关东，为什么去那么远的北方小城，如果来大连该多好，也不至于等到退休以后。

　　"来大连好多天，一直想去海边看日出。平日照顾琳琳没机会，趁你们外出，正好可以去。我那年在北戴河疗养时看过海上日出，太阳一下从海面跳出来，很好看……"

　　父亲呷着酒，自顾自地说着，我听着，思绪跳到遥远的过去。

　　我第一次想看日出是20年前，刚上高中，有一堂课是刘白羽《长江三日》赏析，描述江上观日出的壮观场面。老师布置作文，写一篇《美丽的日出》。家乡小城有一条江，在北山角下，是鸭绿江支流，虽不可与长江比肩，却是小城唯一的风景。我和后座同学是邻居，我们约好，第二天早起去江边看日出。

　　但是，我们没能成行。放学后，他去江里游泳，湍急的江水带走了他，再也看不到第二天的日出……

76

　　葬礼上，老师和全班同学都去了。看到他的父母，我们呆立在那，不知说什么。我在心中不停地问自己，为什么？为什么？我不明白，也不理解，更不愿相信，好好一个人，怎么会没了？

　　他爸爸看到我们，哽咽着说："谢谢……你们。"他妈妈很安静，眼神空洞地看着我们。我忍不住哭了。她伸出手，把我紧紧地抱住，说："孩子别哭，妈妈在这儿，妈妈陪你。"

　　她神经有些错乱了。

　　医生说，这是应急创伤心理障碍，我们这儿治不了，如果家里条件好，就去省城治。实在不行，就换个环境，过段时间或许会好。

　　他爸爸托人调动工作，全家搬走了。他的书桌一直没搬，老师想让人拿走，全班同学不同意，依然放在那儿。班里气氛变得异常，淘气的同学不再打闹，说笑声没有了。似乎我们的欢乐是有罪的，我们应该好好读书、学习。因为这些，他再也享受不到了。

　　我是学习委员，每次发考卷，往他的书桌上放一张。下课时，再把空白卷收上来。不知老师对着那张空白卷，会是什么感觉？心情肯定也不好。班主任觉得这样下去不行，她去找校长，把我们班换到另一个教室，重新排座位，他的位置没有了。

　　两年后，我去省城读大学。毕业时，父母殷切盼我回家，我毫不犹豫地说，不回去。我去了滨城大连。刚去时住在大学同学家。她带我去海边玩，说海上日出很美，约我第二天早起看日出。

　　第二天天还未亮，她来敲门，我其实早醒了，可是不想去，我说头有些痛，她说："那以后再去。"以后几天，忙着去单位报到，办入职手续。进入职场，就像踏入湍急的河流，被推着向前走，停不下来，几次相约看日出，始终未能成行。

　　去海洋岛的路上，我暗下决心，这回一定要去海边看日出。

　　朋友提前安排好酒店和行程，第二天要带我们去海上钓鱼。

　　我说，我要看海上日出。

他看看我，"那 5 点钟就得走，你这个夜猫子能起来吗？"

我点点头："能。"

早晨 5 点，朋友开车来接我，汽车沿着弯弯的山路攀沿上升，5 点 20 分，我们到达山顶第二高峰，再往前就没有路了，只能步行。

我们徒步登上最高峰。天已渐亮，海面上飘着一层淡淡晨雾，几只小船在雾中航行，从山顶往下看，就像一只只鞋子漂在海面上。海天交接处，喷薄欲出的红日像一个正在出生的婴儿，缓慢而有力地挣脱开乳峰似的晨雾，奋力向上跳。先是一抹，接着又是一抹，在升腾中聚集力量，跳出海面。红日下，红光与白雾融汇聚合，形成色彩奇异的梯形，像一座天梯架设在海面上。那一刻，我突然意识到：自然之美，无与伦比，这是上天的恩赐，相比人为的美，更能安抚我们疲惫的心。

回去路上，我沉浸在自己的情绪中。朋友见我沉默不语，打趣道："你是在回味、构思，写一篇《美丽的日出》吗？"

我怔住了，思绪一下回到 20 年前，回到千里之外的故乡，回到那熟悉的课堂，心中无限感慨，眼泪夺眶而出。

这么美丽的日出，他再也看不到了，他的生命永远停留在 16 岁。在人生旅途继续前行的我，今天终于如愿，观赏海上日出。也许和江上不同，但有什么关系呢，江水汇入大海，那个江上的少年，也会喜欢海上日出。所以我要写下来，虽然迟到了 20 年，但我要写出来，是纪念，也是告别，和过去说再见，和青春的困惑与疼痛说再见。不是为了遗忘，是为了更好地前行。

精彩
——赏析——

　　作者以优美而感伤的语言记叙了年少时的往事，那是一个悲伤的故事：作者与后座同学约好明天去看日出，后座同学却在当晚放学后被湍急的江水带走，随着生命一同消失的还有看日出的约定。后来作者对看日出有了心理阴影，有意无意地逃避，直到这个国庆节作者才用心感受了日出的美与壮观：乳峰似的晨雾从海面上散去之际，也是太阳升上海面布散烈烈朝晖之时。这场壮美的日出让作者大受感动和震撼，这是对过去的纪念与告别，也是对未来的展望与希冀。

———————

快乐三里

🌷**心灵寄语**

　　凡成大事者都有超乎常人的意志力、忍耐力，遇到艰难险阻或陷入困境，常人难以坚持下去，有作为的人往往能够坚持，挺过去就是胜者。

　　朋友游泰山归来，带回厚厚一叠照片给我看。我浏览发现：拍得最多的是山顶，途中几乎没拍多少。但有一处，拍了好几张。照片上朋友咧着大嘴冲镜头笑，一副快乐的样子。他指着这几张照片说："途中有很多险要地方，风光很好，但光顾了爬山，忘了拍照。这几张是在'快乐三里'拍的，因为这地势平缓，刚爬过陡峭山路，再走这段平缓的路感觉非常轻松快乐，所以才叫'快乐三里'吧。"

　　我看着照片，不仅想：城市里到处是比"快乐三里"更平坦的路，我们每天走在上面，从没感觉到快乐。但是对于喜欢登山、也登过许多险要名山的朋友来说，每次登山归来，再走这样的平坦大路，一定会有不同的感觉吧。

　　朋友又说："其实登山的快乐不在这里。我登过许多山，感觉最累是前三分之一路；最苦是中间三分之一路；最快乐是后三分之一路。"

　　"为什么？应该越往高处越累、越难，也越苦啊！"

　　"因为去登山的人，都有一定的心理准备，出发时带着一腔热血，所以前三分之一的路虽然累，但并不觉得苦。等到中间三分之一时，体力和热情消耗大半，更重要的是，这离山顶比到山底远，如果这时候打退堂鼓，还来得及，不算太亏。所以一边往前登，一边往后望，矛盾纠结：是进，还是退。犹犹豫豫，下不了决心。这时候身体的累是第二位，主要是心理上累，心累了，才感觉到苦。"

他说得有些道理。但为什么最后三分之一的路最快乐呢？

朋友继续说："只要坚持登过中间三分之一，就没有人再想后退了。前边山路让你体验了山势险要，自身体能已习惯这种强度的消耗，更重要的是，此时你离山顶更近，仿佛听到了成功的敲门声，登上顶峰的欲望占据脑海，你不想也不会这时候后退，会又无反顾，带着走向成功的快乐，一路向前，登上山顶。"

人生如登山，有的在前三分之一就退下来，有的在中间三分之一退下来，这并不为怪。遗憾的是，有些人在最后三分之一退下来。因为人生这座高山，山顶非肉眼所见，否则，就不会在已经接近顶峰时退出。

精彩 — 赏析 —

文中把登山的路途分为三段：前三分之一因为登山者有一腔热血，所以不觉得苦；中间三分之一是最苦的一段，因为热情已耗尽又看不到山顶；最后三分之一是最快乐的一段，登山者会带着走向成功的快乐登上山顶。人生就像登山，在登上山顶的时刻，一切的疲乏和辛苦都烟消云散了，换来的是豁然开朗和心满意足，庆幸自己没有中途放弃，而最终品尝到了胜利的果实。一切的坚持都是值得的，尽管中途会经历煎熬、无奈、困苦和曲折，但唯有坚持、忍耐、自信和勇气，才能采摘到生命丰硕的果实，才会在人生的这趟行程中有所收获。

人生如下棋

🌷 **心灵寄语**

会活的人，或者是取得成功的人，其实都懂得两个字，那就是"舍得"。不舍不得，小舍小得，大舍大得。

——贾平凹

父亲喜欢下象棋。那一年，我大学回家度假，父亲教我下棋。

我们俩摆好棋，父亲让我先走三步。可不到三分钟，三下五除二，我的兵将损失大半，棋盘上光秃秃的，只剩下老帅、仕和一车两卒在孤守奋战。我不肯罢休，但已无回天之力，眼睁睁看着父亲"将军"，我输了。

我不服气，摆棋再下。几次交锋，基本上都是下到 10 分钟就败下阵来。我不禁有些泄气。

父亲看看我，说："你初学棋，输是正常的。但是你要知道输在什么地方。否则你就是再下上 10 年，也还是输。"

"我知道，输在棋艺上。我技术不如你，没有经验。"

"这只是次要因素，不是最重要的。"

"那最重要的是什么？"我奇怪地问。

"最重要的是你心态不对。你不珍惜你的棋子。"

"我怎么不珍惜？每走一步，我都想半天。"我不服气地说。

"那是后来。开始你是这样吗？我给你算过，你三分之二的棋子是在前三分之一时间里失去的。这期间你走棋不假思索，拿起来就走，失了也不觉得可惜。因为你觉得棋子很多，失一两个不算什么。"

我看看父亲，不好意思地低下头。

"后三分之二的时间，你又犯了相反的错误：对棋子过于珍惜，每走一步，都思前想后，患得患失，一个棋也不想失，结果一个一个都失去了。"

说到这，父亲停下来，把棋子重新在棋盘上摆好，抬起头看着我，"这是一盘待下的棋，我问你，下棋的基本原则是什么？"

我想也没想，脱口而出："赢呗。"

"那是目的。"父亲不满地扫了我一眼，"下棋最基本的原则是得、失。有得必有失，有失才有得。每走一步，你心里都要非常清楚，为了赢得什么，你愿意失去什么。这样才可能赢。可惜，大部分人都像你这样，开始不考虑失，只想到得。等到后来失得多了，又过于谨慎，束手束脚，所以才屡下屡败。其实不仅是下棋，人生也是如此呀。"

我看着父亲，又看看眼前的棋，恍然顿悟：人生不就是一盘待下的棋吗？所不同的是，有的人，棋刚刚摆好，还没开场；有的人，棋已经下了一半，得失参半；而有的人，棋已经接近尾声，尘埃落定。

人生如下棋，不管多么精彩的棋，其中总有遗憾。

人生不如下棋，下棋最大的好处是：如果你下错了，你还可以接着下。

精彩
—赏析—

　　文章通过与父亲下棋的事例引出对人生得与失的思索。父亲在文中说的话点出了文章的主旨：有得必有失，有失才有得。人在行动之前要明确目标，并做好付出相应代价的准备；懂舍得的人，不会拘泥于眼前的一城一池，以敢舍敢得的勇气为自己开疆扩土。全文语言简单直白，把深刻的道理通过下棋时的父女对话揭示出来，通俗易懂。文章最后两段写出两种对立的观点，辩证地看待人生是否与下棋相似，有相似之处也有不同之处，引发读者思考。

自己的光

🌸 心灵寄语

> 有一分热，发一分光，就令萤火一般，也可以在黑暗里发一点光，不必等候炬火。此后如竟没有炬火，我便是唯一的光。
>
> ——鲁迅

一位著名作家来大学做演讲，朋友约我一起去听。

距演讲还有 20 分钟，礼堂外面聚满了人，学生们手里拿着这位作家的书，排队往里进。还有一些学生站在外面，急恐恐的，看样子是没有票。

我和朋友往里走，一位女生突然拉拉我的衣袖，一脸真诚："老师，我是他的忠实读者，您能不能把我带进去？"

我摇摇头，看她失望的样子，心里有些不是滋味。等进去一看，心里更加不是滋味了。容纳千人的礼堂座无虚席，黑压压一片，两边过道也站满了人。我忍不住感慨：同样写文章，看人家多风光，什么时候我能像他那样就好了！

我们绕到主席台后边的通道，想找一个好位置，等作家进来时可以拍照。

我们顺着通道往前走，通道旁有个侧门，里面是一个过道，黑乎乎的，不知通向哪。我看看表，离演讲还有一点儿时间，就推门进去，看看这里通向哪。走了一会儿，看到前面有一个身影，我吓了一跳，借着过道里幽暗的灯光一看，我愣住了：是来演讲的那个大名鼎鼎的作家！他怎么在这里？

他可能看出我的疑惑，主动和我打招呼，解释说："我每天写作之前，习惯于在黑暗中待一会儿，安静地思考。写作的时候，也喜欢让灯光暗些，久而久之，已经不习惯礼堂里那样明亮的灯光了！"

他低沉平和的声音，穿过有些黑暗的过道，传进我的耳朵。

我怕打扰他，告辞离开。

演讲开始，作家走上主席台，礼堂响起雷鸣般的掌声，全场听众激动站起来，1000多双眼睛看向主席台，仰望他的光芒。

我静静地站在一角，想着刚才过道里的一幕。许多时候，我们喜欢仰望别人的光芒，却不曾想过：他今天的光芒，是因为昨天他曾孤独地待在黑暗里。

每个人都应该成为自己的光。与其羡慕别人的光芒，不如待在黑暗中，一点一滴，聚集自己的光。

精彩
—赏析——

有句歌词写得好："每个强者都会有背后的辛酸挫折。"正如文中的作家，人们只看到了他在镁光灯下的光鲜亮丽，却没看到他常在黑暗里孤独地徘徊与思索。成功者是令人羡慕的，但我们单单羡慕无济于事，要一点一滴地聚集起自己的光，这是一个由弱小到强大，由盲从到自信的自我认知过程，期间也许会陷入黑暗，但也要拖着沉重的脚步一步步挪向前。不要因为任何事任何人而否定自己的人生，你要向上走，每一天都会慢慢变好。

人生的钥匙

🌸 心灵寄语

> 选择安稳，就失去了自由；选择自由，就要承担相应的风险。凡事都有两面性，只看事物的一面而忽视另一面是偏颇的。

他很小的时候，父母就去世了，成了一名孤儿，孤苦伶仃，一无所有。但他没有向命运低头，历尽磨难，创下一份不菲的家业，而他也走到人生暮年，该考虑辞世后的安排了。

他膝下有两子，都风华正茂，聪明能干。他想把财产一分为二，平分给两个儿子。但在最后一刻，他改变了主意。

他把两个儿子叫到床前，拿出一把钥匙，"我一生所赚的财富，都锁在这把钥匙能打开的箱子里。可是现在，我只能把钥匙传给你们兄弟中的一人。"

兄弟俩惊讶地看着父亲，几乎异口同声地问："为什么？这太残忍了！"

"是，这是有些残忍。"父亲停顿了一下，加重语气道："但也是一种善良。现在，你们自己选择吧。选择这把钥匙的人，必须承担起家庭责任，按照我的意愿和方式，去经营和管理这些财富。拒绝这把钥匙的人，不必承担任何责任，生命完全属于你自己，按照自己的意愿和方式，去赚取我箱子以外的财富。"

兄弟俩听完，内心开始斗争。接过这把钥匙，可以保证一生没有苦难，没有风险，但也因此被束缚，失去自由。拒绝它？毕竟箱子里的财富有限，外面的世界更精彩，但那样的人生充满不测，前途未卜，万一……

父亲早已猜出兄弟俩的心思，他微微一笑，说："不错，每种选择都不完美。有快乐，也有痛苦，但这就是人生。你不可能把快乐集中，把痛苦消散。最重要的是要了解自己，你想要什么？要过程，还是结局？"

兄弟俩豁然开朗。哥哥说：我要这把钥匙。弟弟说：我要出去闯荡。二人权衡利弊，最终各取所需。这样的结局，与父亲先前的预料不谋而合。

20年过去了。兄弟俩经历、境遇迥然不同。

哥哥生活舒适安逸，把家业管理得井井有条，性格也变得越来越温和儒雅，特别是到了人生暮年，与去世的父亲越来越像，只是少了些锐利和坚韧。

弟弟生活艰辛动荡，几经起伏、受尽磨难，性格也变得刚毅果断。与20年前相比，相差很大，几乎没多大关系了。最苦最难时，他曾后悔、怨恨过，但已经选择，没有退路，只能一往无前、坚定不移地向前走。经历了人生的起伏跌宕，最终创下了一份属于自己的事业。这个时候，他才真正理解父亲，并深深地感谢父亲。

第一次听到这个故事，我18岁，刚考上省城大学，即将离家远行。父亲给我讲了这个故事。那时的我还不能理解他的良苦用心。现在，又一个18年过去了。几多风雨，几经坎坷，我才真正理解这故事的寓意。

人生充满了选择。每种选择都携带着快乐和痛苦。快乐是一种营养，痛苦是比快乐更丰盛的营养，它们共同滋养人生，让生命进发活力、充满生机。回忆过去，我感谢父亲，给我生命，和生命中最珍贵的礼物——自由，让我拥有自己人生的钥匙。

精彩
——赏析——

　　如果一个人的一生是一帆风顺的，那么这个人肯定是幸福的，但是这个人却缺少了人生本该有的多彩经历，缺少色彩和值得回味的东西。冰心曾说："愿你生命中有够多的云翳，来造成一个美丽的黄昏。"顺也好，逆也好，有些是出于无奈，而很多时候是出于个人的选择。一帆风顺的人生太过无味，只有经历过低谷才能体会到生命的意义。选择了难走的一条路，与其让悔恨埋葬人生，不如直面未来，在遇到更好的自己之前，一路上的磨难都是垫脚石。

那一年，他丢失了指南针

> 无论岁月如何变迁，时空如何转换，心怀良知，止于至善，就可以趋利避害，即便身陷迷途也会有明灯照亮我们的道路。

他喜欢打猎，有时一个人去，但大多数时候和朋友结伴去。这一年，正好堂兄和他一起休假，两人就约好一起去。他们准备好行装，乘车去了北部大森林。

这是一片原始森林，一望无际，树木茂密，有的树的树龄比他们年龄还长，是非常好的捕猎地，有许多野兔、山鸡之类小动物，引来许多游人。据当地的人说，林子里也有虎、狼这些凶猛的动物，所以来打猎的人都是结伴而行，一般不去林子深处。

他和堂兄进到林子里，一路上，两人结伴而行，寻找猎物。进山的第三天，他们一大早打到一只野鸡，接着又发现一只野兔，野兔也发现了他们，撒腿拼命奔跑，他们就在后面追，和野兔在森林里赛跑。追了很远，最后累得实在跑不动了，才停下来，坐在地上休息，然后顺着原路返回。

中午时分，他们还没有回到宿营地，按时间推算，他们早该到了。一定是走错路了！他们又返回去找，努力回想，凭着记忆，寻找宿营地。可直到天黑，他们还没有找到。他们迷路了，带的指南针、水和食物都在宿营地的背包里。在这样的原始森林，如果没有指南针，很难走出去！

天完全黑下来了，他们靠在树下，熬过难挨的夜晚，想着如何走出大森林。他们内心很清楚，现在唯一的财产，是早晨出来时每人随身带了一壶水，要走出大森林就全靠它们了！

第二天他们早早起来，看着日出，辨别方向，开始向南走。希望这是真正的南向，因为只有向南走，才能走出这片大森林，才可以回家。

中午时，两人又累、又渴、又饿，于是坐下休息一会儿，喝了一口水，然后继续走。前面不远处有团黑乎乎的东西，走过去一看，是一个老人，满脸皱纹，胡子都白了，老人紧闭双眼，躺在树下。

他蹲下身把手放到老人鼻孔："他还活着，估计和我们一样来这儿打猎迷路了。"他取下背着的水壶，扶起老人给他水喝。

堂兄急忙阻拦："不能给他，我们只有这一点儿水！"

"我们不能见死不救啊！"

"你知道他是什么人？如果救了他，他把我们俩杀了，把我们的水都抢去怎么办？你没听过农夫和蛇的故事？赶紧走吧。"

堂兄拉着他就走。他回身望了老人一眼，想想堂兄说的也有道理，就跟着他走了。可是，他的脚步越来越沉重，眼前浮现出那个昏倒在地的老人，那布满皱纹的脸。他好像被什么东西扎了一下，停下来："我们回去救老大爷，他不会害我们的。"

"就算他不会害我们，也会拖累我们，我们只有这点水，分给他，我们就无法坚持到活着出去。"

"如果见死不救，即使能活着出去，良心会受谴责，一辈子都受折磨。我们还是回去吧。"

"要回你一个人回，我不会回去。"堂兄决绝地说，迈步往前走。

他望着堂兄背影，转过身，沿着刚才走过的路往回走，找到昏倒在树下的老人，扶起他的头，把壶里的水一滴一滴倒在干裂的嘴里。

过了很久，老人终于醒过来。慢慢睁开眼，感激地望着他。

老人不是从别处来这里打猎的，他是一名向导，从小生活在这片大森林里，熟悉这里的每一片树木，为许多来考查的地质学家、打猎的人带过路，他不用带指南针，就能穿越这片大森林！

老人带着他走出大森林。而他的堂兄却永远地留在了森林里，没能活着走出去。

一个人的良心，就是最好的指南针。按照良心指引的方向前进，就不会迷路。

精彩 赏析

作者讲述的这个故事意在告诉我们：向遇难之人应伸出援助之手，摒弃利己主义，有时候帮助他人，也是帮助自己。就像文章结尾所说的，做人不能丢掉良心，一个人的良心很多时候可以引导他走出迷途。良心是一种道德观念。道德是做人的根本，根本坏了，既使你有出众的学问和本领，也无用处。文中主人公的堂哥自私自利，丢弃了道德，最终困死在森林里。这样的结局发人深省，也让我们明白道德的可贵。

无法扑灭的火

🌸 **心灵寄语**

当你学会了原谅，你就懂得了爱。

——《荒野生存》

她出生在北方一座小城，一个普通家庭，有爱她的父母和姐姐，一家人过着平静的日子。

但一场火，把一切都改变了。

火是怎么烧起来的，到现在也不知道，即使知道也没用了。一切都已经发生了。

火是夜里烧起来的，她已经睡着了，什么也不知道，等她醒过来时，已经被抱到外面去了，是姐姐连拖带抱把她救出来的。她受了一点儿伤，但不重，很快就好了。火烧得不大，很快被扑灭了。

但是，父亲心里烧着的火，永远都无法扑灭。

那天，母亲上夜班不在家，父亲发现着火，第一个动作是扑向花多年积蓄、刚买的电视机。他抱起电视冲出屋外，才想起屋里睡着两个女儿。他放下电视转身回来救女儿，看见大女儿连抱带拖拽着小女儿。那一刻，他一下跪倒在地，像被什么东西击中了。

"我为什么先抱电视机？为什么不救女儿呢？难道在我眼里，女儿还不如一台电视机值钱吗？"他一遍遍叩问自己，责骂自己，憎恨自己。直到最后，他脑子里的那根弦"嘣"的一声，崩裂了。

他疯了，被送进精神病院。他患的是间歇性精神病，发作时样子很可怕，砸东西、打骂人，女儿怕他、躲他。他不发作时，与正常人一样。他想用加倍的爱，抵偿心中对女儿的愧疚。可女儿忘不掉他发病时的恐惧，不敢靠近他，远远躲着他。无疑，这更加速了他的病，也加速了他的死亡。

他在世上最后一句话，是对小女儿说的："孩子，爸爸对不起你，爸爸现在最想做的，是握一下你的手。"他痴痴地望着女儿，用尽最后力气，举起那只满是青筋如枯木般的手。

但是她，害怕地把手缩了回去。

父亲睁着眼睛，咽下最后一口气。

那一瞬间，她突然明白了，哭着喊爸爸，握住父亲形如枯木的手。就在这时，父亲睁着的眼睛闭上了。

她原谅了父亲，可是父亲，已经无法被原谅了！

燃烧在父亲心中的火，随着他生命结束而熄灭了。

精彩 赏析

当家里燃起熊熊大火，父亲最在乎的竟然不是孩子而是一台电视机，所幸最后孩子也成功逃脱，否则父亲将终生活在更大的愧疚中。从那以后父亲备受心灵烈火的煎熬，以致精神失常。这个故事告诉我们：如果我们曾经做过错误的事，我们应想办法弥补，而不是一直拿错误惩罚自己。对于他人，尤其是对于自己亲近的人，我们应该多一些包容，多一些理解，原谅别人的错误是表达爱的一种方式。

生命之火

● 心灵寄语

一切困境都有破解的方法，就算你已经站在了悬崖边也不要失去信心，再多坚持哪怕一分钟，希望就会出现在你面前。

海上依然是大雾，像一个巨大的锅盖，笼罩住孤独无助的小船。这是他们在海上漂泊的第六天。

六天前，他们三人像往常一样出海，可是两小时后，他们刚到捕捞水域，还没下网，机器就出了故障，启动不了，船顺着水流漂。他们原本要在天黑前返回，只带了一天的水和食物。第二天还能忍受，第三天实在忍不住，开始喝海水，喝到嘴里，又苦又咸，直想吐，进到胃里，上下乱窜，不一会儿就上吐下泻，身上皮肤青一块紫一块，脚肿得老高，折腾得浑身上下一点儿力气也没有。

他们蜷缩在船舱里，忍受着纠心般的折磨，悔不该喝那么多海水，可求生本能让他们一瓢一瓢，喝进明知不能喝的海水。海水在胃里翻腾，仿佛要掀起巨浪把他们埋葬。船随海风漂向南，越漂离家越远。家里的亲人知道他们在海上未归，却不知道具体方位。他们与死亡搏斗的信心一天比一天减少。

"嘟……"

远处传来一阵发闷的声音，"听！有船来了！"他们竖起耳朵，在六天里，这是第11次听到这样的声音。前10次都是在夜晚，每次听到船驶来的声音，他们既高兴又绝望，把船上的旧毯子撕成一条一条，蘸上机油，绑成火炬点燃。他们希望远处的大船向这里驶来，看见他们搭救他们，又怕黑夜中驶来的大船把他们的小船碾碎。小渔船在海上就如同一片树叶。

"快去拿油来，准备点火！"为首的船老大说。

声音渐渐近了，三个人忙了一阵，把火炬点燃，一团火光把他们的脸照得通亮。三人目不转睛地望着前方。

声音越来越近了，这时，浓雾渐渐散了，隐隐约约看见一团白烟，依稀听见对面船上有说话声。三个人兴奋地站起来，拼命挥舞着手臂，终于，对面船的人看见他们，放慢行驶速度。

"救救我们！我们是旅顺陈家村的渔民，船坏了，我们已经漂了六天！"

像死一般宁静的瞬间，相距不足30米的船上，飘来一个冷漠的声音："你们慢慢漂着吧！"

船加大速度驶离，所有的希望被这刀一样的话带走！三个人站在船头，心里仿佛撕裂般的痛，双眼喷出剑一样的怒火，寒齿咬紧干裂的嘴唇，血顺着嘴角裂开的口子滴落下来……

这是他们第11次听见生命之门关闭的声音，在海上漂泊六天，唯一能做的就是聆听，用生命聆听，声音是连接生命的脐带。每一次渐近的马达声，让他们燃起生的希望，他们攒足力量点起火炬，可是声音渐近又远去，经历一次从生到死的历程，希望与他们擦肩而过。平常在街上擦肩而过，只是错过一次相识机会，可在这茫茫的大海上，错过的是生的机会。听着那声音一声比一声远，一声比一声绝望。但是，前面10次所有的痛苦绝望，加起来不如这一次刻骨铭心，远去的船声把他们最后的希望和幻想一起带走了。

两个船员崩溃了，趴在船头，想要跳下去。

船老大抓住他们："再等一天，最后一天！如果没有船来，我和你们一起跳！"

第二天，海面上静静的，没有船来。午后风减轻了些，但雾依然很浓，只能看清十几米远的地方。突然，一阵嘟嘟的马达声传来，给他们带来生的希望。船上东西都烧完了，他们把身上衣服脱下，绑成火炬，蘸上机油，用颤抖的手点燃，向声音传来的方向摇晃！马达声越来越近，他们看见船了，三双眼睛像久旱的土地涌出热泪，三个人同时张开双臂，呼喊："救救我们！救救我们！"

这是生命最后的呐喊，是人性本能的呼唤，是他们走出死亡之海的最后机会。三个人的声音就像三面破锣，穿越生死距离，在天空中戛然而止。那只大船朝着他们驶来，放下了救生艇。他们忍不住想起昨天的此时此刻。海上漂泊七天六夜，所有的痛苦所有的艰难所有的记忆，都停留在这两个让他们刻骨铭心的瞬间。

精彩赏析

三个遇难者在茫茫大海上漂泊着，他们身心俱疲，在第11次求救未果后其中两人产生了自尽的念头，在船老大的劝说下最终还是选择让生命的火苗继续燃烧，于是在第七天获救。假如坚持了七天仍没有希望，也许他们还会继续坚持下去。面对似乎无解的困境，就此倒下的话，生命之火就会中断，只要一息尚存，就没有理由向命运低头。生命就是这样的顽强和悲壮，人活着就要同形形色色的艰难险阻进行抗争与搏斗，生命是神奇而宝贵的，只有敬畏生命、热爱生命，才能让生命光芒四射。

恨是一件容易的事

🌸 **心灵寄语**

> 当你的一只脚踩到了紫罗兰的花瓣上时，它却把芳香留在了你的脚上，这就是宽容。

盖瑞·斯宾塞是美国 20 世纪著名的辩护律师。与许多大律师不同——他们大都受雇于 500 强大公司，或某个势力集团，总之是为富人服务，因为只有他们才能付得起大笔律师费。而斯宾塞却关注穷人，关注那些生活在社会底层的人，受理弱势群体的案子，站在他们的立场上，以丰富的法律知识、高超的辩护技巧和丰富的庭审经验，赢得一次又一次胜诉，他也因此赢得公众的爱戴和尊敬。

斯宾塞并非一开始就这样。像许多有野心和梦想的年轻律师一样，早年他投身于政治，在竞选国会议员失败后，又做起老本行，在保险公司做法律顾问，拿着丰厚薪金，过着富足生活。

促使斯宾塞离开保险公司的，是一件偶然发生的"小事"。那天，他陪妻子去超市购物，遇到一位以前打过交道的对手，一位年过六旬的老人。他过马路时被一位妇女开车撞成跛子，向保险公司要求赔付。这个案子是斯宾塞承办的，由于他的"精彩"辩护，老人没有拿到应得的赔付。没想到，两人在这儿不期而遇。

老人艰难地移动受伤的残腿，把那些过期打折处理的食品放进购物车。斯宾塞看着他，突然间有些羞愧，觉得自己做错了什么。

如果不是他，老人会得到那笔赔偿金，就可以雇一个护工，不用自己拖着残腿出来购买打折商品。斯宾塞低下头，想赶紧离开。老人已经看到他，向他走来。

斯宾塞定定地站在那儿，觉得身上的血直往上涌，脸涨得通红，他做好挨骂的准备，眼睛偷偷往旁边瞄，对方一旦动手，他就赶紧逃跑。

出乎意料，老人没有骂他，更没动手打他，反而安慰他说："不要难过，你只不过履行你的职责而已。"

老人拍了下斯宾塞的肩膀，宽厚地笑笑，走开了。

斯宾塞凝视着他的背影，那一瞬间，他觉得不只是这桩案子，自己整个人生都错了。他一夜未睡，第二天，他向公司递交辞职报告。

就这样，斯宾塞离开保险公司，开始为弱势群体辩护，为底层人民争取话语权。在漫长而艰辛的庭审生涯中，他开创了许多先例。在一起医疗事故赔付案中，他为受害人赢得 400 万美元高额赔偿，并促使犹他州的护理行业清理整顿。在为卡伦·希克伍德—— 一位因核辐射而死的女人的辩护中，他花费大量精力，研究相关法案，制定辩护策略，最终为受害人赢得 1800 万美元巨额赔偿，这是美国核工厂的工人获得伤害赔偿的第一个案例，并且首开先河——其中 1000 万元用于惩罚性赔偿款，这给美国核工业一个警示，促使整个行业开始整顿，不再视工人安全为儿戏。

这些标志性案件让斯宾塞跻身著名律师的行列。另外他还是美国庭审律师学院的创立者和院长，这是一个非营利性组织。他也是怀俄明州律师事务所的奠基人。

回顾自己的一生，斯宾赛感慨地说："对我影响最深的，就是那位跛腿老人。如果他当初怪我、骂我，甚至动手打我，都在情理之内，这是被打败的'对手'正常反应，那样的话，我会硬起心肠，认为自己做得对，继续充当保险公司的'同谋'，就不会有现在的我。"

如他所言，恨一个曾打败你、伤害你的人，是一件非常容易的事，就像爱自己的家人一样容易，但这并不能改变什么，只能使原本亲近的人变陌生，原本陌生的人更加冷漠。改变人与人之间距离的，不是仇恨，而是宽容。正因为跛腿老人的宽容，让斯宾塞反省自己，改变立场，转而站在弱势群体队伍中，成为他们最有力、最信赖的代言人。

精彩 赏析

作者在开篇介绍完盖瑞·斯宾塞的简略生平后，采用先抑后扬的写作手法来叙述，这就使得故事情节波澜起伏，人物形象前后对比鲜明，让读者深刻理解了主人公思想转变的原因。文章结尾作者点明了文章的中心思想：诚然，憎恨别人是一件很容易的事，但仇恨换来的只能是仇恨，正如当你凝视深渊时，深渊也在凝视你；而宽容别人是一种充满智慧的涵养，有时候宽容别人也是宽容我们自己。多一些宽容，我们今后的道路会少一些风雨。

1. 阅读《人生如下棋》，回答下列问题。（11分）

（1）本文以"人生如棋"为题，表述了怎样的人生感悟？（2分）

_____

_____

（2）文章第七段"奇怪"一词能否换成"好奇"，为什么？（2分）

_____

_____

（3）文章结尾说"人生如下棋"，又说"人生也不如下棋"，这是否自相矛盾？为什么？（3分）

_____

_____

（4）既然说"人生如下棋"，那么，人生的"棋子"又是什么呢？请结合生活实际发挥想象，并简述理由。（4分）

_____

_____

2. 阅读《人生的钥匙》，回答下列问题。（11分）

（1）故事中的父亲为什么让兄弟俩自己决定选择哪把钥匙？（2分）

_____

_____

（2）用"_____"在文中画出哥哥的经历、境遇，用"〰〰〰"画出弟弟的经历境遇。（2分）

（3）父亲为什么要给"我"讲这个故事？（3分）

_____

_____

_____

（4）你是如何理解"人生充满了选择，每一种选择都携带着快乐和痛苦"这句话的？（4分）

_____

_____

_____

3. 写作训练。（60分）

日子是时间的流逝，是已成回忆的过去，是尚未开启的未来。请以"日子"为话题写一篇文章，文体不限，题目自拟，不少于600字。

爱的残忍

🌸 **心灵寄语**

> 溺爱不是爱，是披着爱的外衣的占有和控制，其背后的心理基础是恐惧和不信任。

好友告诉我，她想把女儿送国外留学。

我们认识好多年，在许多事情上，都很谈得来，唯独对子女教育上，截然不同。她是那种老母鸡型的，什么事情都替女儿着想，替女儿做主，生怕女儿受半点苦、半点累。她女儿 17 岁了，内裤还要她洗。早晨出门，衣服、鞋子准备好，替她穿好，衣扣、鞋带也要为她系好。她除了读书学习以外，别的什么都不会。很难想象，这样的人到了异国他乡，怎么生活。

但她已经提前想到了，不送女儿去英、美、澳、加，而是去新加坡。因为她表妹在新加坡，可以先替她照顾女儿。一年后，她就可以申请陪读，到那时，她就辞去这边的工作，也去新加坡，一边打工，一边照顾女儿。像在国内时一样，为她做饭、洗衣……

她喋喋不休地讲着她的计划，我已忍无可忍，不等她说完就打断她："好啊，你就这样把她培养下去吧！如果你想让她成为一个废材！"我不无嘲讽地说。

"什么？"她一时没反应过来。

"你有没有想过，如果将来有一天你不在了，她第一件要做的事是什么？"

她看看我，摇摇头："我不敢想。每次过马路，我都特别小心，心想，我可别出事。如果我出事，女儿怎么办？所以我一定要好好活着。"

"可你总有老的时候，不能再照顾她了。那时，她要做的第一件事，就是找像你一样的人来照顾她。可是，有谁会像你这样照顾她？"

女友看看我，一时无语。

我看看她，口气缓和一些："虎是动物之王，你知道它是怎么抚养幼崽的吗？"

女友摇摇头。

"虎崽小时，虎妈出去捕食回来，把肉喂给虎崽吃。等它再大点，就会离开母亲，自己出去捕食。第一次离开时有些胆怯、不舍，走几步回过头来，虎妈妈在后面也在看着它，它折回头要去找妈妈，这时虎妈就冲它怒吼，扬起尖利的前爪，幼虎害怕地转身往前走。这样反复几次，直到幼虎真正离开。以后，它们就再也不相见。"

"这也太残忍了！"女友感叹地说。

"是有些残忍。但是，如果不这样，幼虎就永远学不会捕食，永远无法长大，也永远不会在动物王国中称雄。所以，这种残忍的爱比起你那种爱的残忍来，要好得多！"

父母没有不爱自己孩子的，因为爱，所以悉心照料，万般不舍，但随着孩子慢慢长大，要舍得对他狠。如果你不对他狠，世界就会对他狠。这是动物也明白的道理，可惜有些父母不明白，或者明白，但不舍得，把孩子护在自己羽翼下，宠爱娇惯。但社会很公平，不会娇惯任何人。

精彩
赏析——

    如果父母对孩子千般呵护，百般照顾，那么孩子就会失去自我，就无法真正成长起来，他会变得懒惰、自私、懦弱，不懂得感恩。文中作者的友人就是非常溺爱孩子的家长，作者通过讲述老虎养育虎崽的故事让友人懂得，溺爱的本质是控制和占有，它们交织成一张网让孩子艰于呼吸视听。残忍的爱是指学会放手，让孩子去独立，让他自己去拼搏与创造，如果不能学会放手，越是无微不至的爱就越有可能毁掉孩子。

——————

细节考验

❀ 心灵寄语

> 小事成就大事，细节成就完美。成功是由一件又一件小事、一个又一个细节积累而成的。

一家新建的酒店打出招聘广告，因待遇优厚，报名者踊跃。初试、面试后，众多应聘者中选出 30 多名。但酒店只要 20 名员工，下星期就要开业，酒店主管需要尽快选出 20 人，培训一星期后上岗。

主管把这 30 人都召集来，一一谈话，这些人年龄、阅历都很相近，差异不大，多出的 10 人不知应去掉谁。

主管想了想，灵机一动，说："为了庆祝开业，今天我代表酒店请大家吃顿饭。"

30 人围坐在一起，第一道菜上来了，是红烧鲤鱼。因为人多，做了两条鱼，鱼很大，铺满整张盘子。大家都很拘谨，不好意思吃，主管带头拿起筷子，在鱼背上夹了一块肉，说："大家随意，以后我们就是一家人，每天在一起工作，一起吃饭。不要客气。"

主管一发话，气氛就活跃起来，大家拿起筷子，开始吃鱼。有人夹鱼背，有人夹鱼头，有人夹鱼尾。有的人一次夹一大块，有的人一次只取一点点。鱼很快就吃完了。

第二道菜上来了，是清炖黄鱼。鱼很小，十几条才装满盘子。有的人上来就夹条大的，吃得很快，鱼肉没吃净就连肉带刺吐出来；

有的人只夹小的，吃得慢而细，把鱼肉吃完，鱼刺很干净。

接下来又上几道菜，炒菜、凉菜、汤羹，大家各取所好，有的规规矩矩，只吃自己眼前的菜；有的毫不客气，伸手夹别人眼前的菜；有的兼顾全席，桌上的菜每样都吃一点；有的挑挑拣拣，只夹自己喜欢的菜吃；有的吃饭静悄悄；有的喝汤"滋滋滋"；有的把碗里饭吃得一粒不剩；有的把饭粒掉在饭桌上。可谓百态众生，主管尽收眼底。

第二天，酒店把录用名单公布给大家。有一位落选者很不服，去质问主管："大家条件差不多，你又没有加试，凭什么选人？"

"怎么没有加试？昨天晚上我请大家吃饭，对你们每个人都一一测试了。我选人的原则很简单：那些在餐桌上吃鱼尾、吃小鱼，不挑挑拣拣、不掉饭粒、知道兼顾别人的，我认为他们会成为好员工。"

落选者想起昨晚自己在饭桌上的表现，有些发窘，为自己辩解道："这都是些生活细节，怎么能用来检验一个人呢？"

主管看着他，反问道："生活的细节，加起来不就是人生吗？我想一个在饭桌上只顾自己的人，在工作中是不会首先想到别人的。"

精彩赏析

文中的酒店主管通过一场饭局考验了应聘者，也考察了他们对待生活的态度，注重细节的人往往比普通人更细心。古人云，"一屋不扫，何以扫天下""天下大事，必作于细；天下难事，必成于易"，一个人对于学习、工作、生活的态度，都可以通过小小的细节看出来。古往今来，想做成大事的人很多，但愿意把小事做细、做精的人很少，所以我们不缺雄韬伟略的战略家，缺的是精益求精的践行者。这篇文章告诉我们，无论做人还是做事，都必须注重细节，从小事做起。

购买时光

　　幸运留给有准备的人，时光善待勤奋的人，生命的价值都是努力后的完美呈现。

　　周末，参加一位外教主讲的企业管理培训班，所以不能像往常那样睡懒觉，早早起床，赶车去听课。可紧赶慢赶，还是迟到了 10 分钟，我知道外国人时间观念很强，心里很过意不去，悄悄进去在后面找位置坐下。

　　讲师是从新加坡移民美国的华人，姓张，在美国 500 强企业做过管理。中文很流利，只是发音有点生硬，但课讲得非常好，既有理论深度又有真实案例，他在国外做讲课咨询是按小时收费，每小时收费 1000 美元。此次来京做三天讲课咨询，主办方要付他 30 000 美金，比我一年收入还多。

　　下课时，张先生走下讲台，来到我身边，微笑着问："听得懂吧？前面的课我讲了公司品牌战略，然后展开，结合案例讲。你没听到的话可以现在问。"

　　我不好意思地笑了笑，听课的人很多，我以为他不会注意到我来晚了。

　　"对不起，路上塞车，晚了一会儿。"

　　"啊，没关系，你不用向我道歉。我的时间已经被你们购买了，由你们支配，你们是时间拥有者，我要尽我所能，为你们服务。"张先生习惯地打着手势说。

我看着他，半是认真半是玩笑地说："如果您在中国当老师，会是最受学生欢迎的人。通常学生迟到都会被老师批评的。"

他没觉出其中有玩笑的意味，很认真地说："我在新加坡长大，在美国读大学。美国大学是学分制，学生自己选专业、选课、选老师，选课前可以试听教授的课，选定后付足一学期学费、教材费，什么时候去听课、什么时候走，老师不管，他只管备好课，哪怕只有一个学生在，他也必须认真讲完，因为他的课已经被购买了，他要全力讲好，只有这样，他的课才能继续被购买。"

"这么自由啊？我们国内不这样，我读大学时，每次上课都要点名签到，如果不去上课必须向老师请假，或偷偷找同学代替签到。"

张先生有些不解地说："这一点儿我不太理解，大学不是义务教育，你们是付费去学习，老师的课已经被你们购买了，迟到或者不来损失的是你们自己，就像去商店付钱买东西却没把东西拿回家，难道还要向商店和销售者道歉？"

我看着他脸上的疑惑，忽然间明白了，其实大学教育就是知识付费，只不过费用不全是学生支付，国家要补贴一部分，学生进入大学，就占有了老师的"课堂时光"，如果迟到、请假或逃课，受损失的不是老师，而是自己。可惜以前不明白，还以为自己占了便宜似的。

三天培训课，让我收获满满。不仅学到企业管理知识，还悟出一个道理，我们每个人，都是时光旅行者，我们生产和消费的一切物品，归根结底都可以核算为"占有时光"。我们购买别人的时光，销售自己的时光。我们唯一的财富，就是拥有一生的时光。生命就是时光渐渐消失的量变过程，每一次报晓的雄鸡长鸣，你的财富就减少了一个点，许多人不成功，是因为他本身就是"时光浪费者"。衡量一个人成功的标准，就是在一个标准的时光销售过程中，你创造、输出多少价值，这个量变的曲线，清晰地描绘出你生命的价值，是你存在的证明。

精彩赏析

时光是虚无缥缈的，"购买时光"这个标题既能引发读者思考，又紧紧贴合着文章的主题。作者别出心裁地把人们生产和消费的物品归结为"占有时光"，这个巧妙的总结让读者切身体会到时间的宝贵。文中还罗列出了张先生对时间的看法，对作者具有深刻的启发意义。这个故事告诉我们：时间与生命息息相关，我们购买别人的时光，销售自己的时光，一些人失败的原因就是不懂得珍惜时间。所以我们要在有限的生命中，尽可能去实现人生的价值。

从身边最近的地方寻找快乐

> 抬起头，擦亮眼，用心去观察身边的事物。四季变化，日出日落，云卷云舒，总有万种风情，熟悉的地方也有风景。

日子过得飞快，眨眼间又到年底了，几位好友聚在一起，盘点过去，畅想未来。

我说："我一直有个心愿，去看撒哈拉沙漠，明年找机会去。"

雯想了想，说："我的心愿比较多，去阿尔卑斯山滑雪，去卢浮宫看画，去维也纳听音乐，可惜一个都没实现。"

晓明说："我的心愿很简单，没你们那么复杂，希望明年大家还能坐在一起，有酒、有菜、有话说，快快乐乐。就行了。"

大家开始抨击他，这算什么心愿！这么简单的事，随时都能实现。

"对呀，我就喜欢这种简单的快乐，离我很近，随时能实现，不像你们，像星空一样遥远。"

这话有点哲学味道。其实生活中有许多奇怪的哲学，比如说，每个人都计划去远方，来一场说走就走的旅行。熟悉的地方没有风景，良辰美景在他乡。总觉得外面的世界很精彩，身边的生活很无奈。于是，就会生出种种的不满，日子太平常，生活太贫乏，没有塞纳河畔的歌声，没有香榭丽舍大街的浪漫，没有凯旋门的壮观……

如果这样顺着找下去，还会找出许多个"没有"。当我们整天想着这些"没有"时，又怎么会有快乐呢？

晓明从小生活在哈尔滨，他在哈尔滨工业大学读书时，在电视上看了一部介绍大连的风光片，像着了魔似的想去大连看海，整天哼唱着《大连好》。暑假，他和同学一起乘火车去大连，玩了一个假期，才恋恋不舍地回哈尔滨。回校后，本想报考哈工大研究生的他，把志愿改成大连理工大学。

"如愿以偿来了大连后，我特高兴。可是当我不需要乘火车，坐两站公交车就可以去看海时，我却不怎么去了。即使看到海也再不像从前那么高兴了。去年冬天我回哈尔滨，飞机降落时天空正飘着雪花，几位乘客一下飞机高兴得手舞足蹈，伸出手接雪花。50多岁的人看上去简直像童真的孩子。他们告诉我，他们是特意从台湾来的，平生第一次看到雪。

"我站在那儿看他们戏雪，和他们一起看雪，那是我第一次认认真真地赏雪，从小生活在雪城的我，从没想到雪也是一道风景。就在那一刻，我忽然明白：人总是向往他所没有的，而不珍惜已经拥有的。所以每个人都有个心愿：去远方。可并没有认真想过远方有多远？我们的近处也许就是别人的远方！"

这些年，我总是追求遥远的快乐，陌生的风景，直到我发现，身边熟悉的风景，就是别人眼里的陌生，我才知道错过了什么。

我一直都在错过：从身边最近的地方寻找快乐、享受快乐的好时光！

精彩
—**赏**析——

　　生活中的美好与快乐并不全在远方，转变一下心态，你会发现路边的大树可以如此婀娜，夏夜的晚风可以如此怡人，殷红的夕阳也可以如此诗意。无论你面对什么样的生活环境，你都可以试着找到身边的快乐。很多时候，生活的价值不在于你拥有什么，而在于你能找到什么。这篇文章告诉我们，要学会从身边最近的地方寻找快乐，从每一个细节中领悟生命的真谛，快乐就在身边，幸福就在此刻，调动生命中的热情，感受生活的美丽。

无法画圆的句号

❀ **心灵寄语**

> 人生总有上百个无法画圆的句号，你能做的只有接受。去看一些你曾经不会去看的风景，去做一些你曾经不会去做的事，它们不会让生命中的遗憾消失，但会让你有更多角度去看待和了解世界。

又是一个静静的黎明，我坐在电脑前，屏住呼吸，最后一次敲打键盘，为《暗箱》画上最后一个句号。几乎一瞬间，眼泪涌了出来，落在键盘空格键上，形状像一颗跳动的心，不圆。

在我开始写作之前，每次读别的作家作品，总是忍不住想：写这样一本厚厚的书，画上最后一个句号，会是怎样的心情？一定满怀胜利的自豪和喜悦吧。会不会因为兴奋和激动，而无法把最后的句号画圆？

因为时代不同，这个最后的句号，我不是用笔，而是用键盘敲上的，虽然手指有些颤抖，但屏幕上的句号依然很圆。我静静地坐在电脑前，望着屏幕上那个圆圆的句号，又低头看看落在空格键上的泪滴，感觉它就像一个手写的句号，由于激动而无法画圆。

三年的精心准备，150个以夜代日、黑白颠倒的写作生活，现在终于结束。漫漫长跑，原以为到达终点一定满怀胜利的喜悦，现在才知道，它交织着喜悦、疲惫与孤独。喜悦已经在过程中预支了，已经所剩不多。留给自己的，更多的是疲惫，深深的、浑身虚脱般的疲惫，和无以言说的孤独。

许多人以为，写作是一件非常浪漫的事，甚至我以前也这样认为，现在才知道，这真是一个天大的笑话。当你品读别人作品时，也许会有一种浪漫而愉悦的感觉，但对于创作这本书的作者来说，却远非如此，那是一场漫长、艰辛的苦役！它需要强健有力的身体，粗壮而敏感的神经。作家虽然在家写作，但工作性质和木匠、铁匠一样，要去森林、钢厂选取材料，设计产品式样，然后把材料分解、整合，组装，还要把那些自己喜欢、但远离主题的多余材料剔除掉。即便这样，有时也避免不了推倒重来、回炉返工的命运。

一位电影艺术家曾说：电影是遗憾的艺术。其实写作又何尝不是？无论你怎样努力，怎样精雕细琢，最后出炉的作品依然存在缺陷和败笔，依然有需要打磨和修正的地方。即使当时满意，但随着岁月的流逝，阅历的增加，对生活的感悟和对人性的洞察，又会生出许多不满。许多作家一直到死都在修订自己的早年作品，最后仍无法满意，只好把遗憾带进坟墓。

选择写作，也就是选择接受遗憾的艺术。无论怎样尽力，无论怎样付出，那个最后的句号都无法画圆，都存在缺陷和败笔。这个道理，我很早就悟到了。我曾为此苦恼，彷徨，但现在不了。因为我已明白，这正是我必须写下去的理由。

精彩
——赏析——

　　人生是充满遗憾的，就像文中所说的，电影是遗憾的艺术，写作同样也是。假如我们所有人都心想事成，所有人的一生都快乐、幸福、健康、高尚，恐怕这个世界就失去它的魅力，变成一摊平静却绝望的死水。所以遗憾是要有的，生命像一袭长袍，遗憾就是长袍上的点缀。在文章结尾作者提到，她本就知道写作之路充满遗憾，但她也明白那些无法画圆的句号正是继续写作的原因。人生也是这样，生活中的挫败和遗憾也是我们热爱生活的理由。

自己的虎

一位画家喜欢画虎，画了无数只虎，渐渐有了一些名气，每逢市里举行画展、书画比赛，他都精心挑选一张最喜欢的画参展。参观者在他的画前驻足欣赏，画上的虎张开前爪，飞跃而起，仿佛冲向前面的猎物。画面很有动感，应该说，是一张很不错的虎画。

每次比赛，他都把画拿去参选，想夺得一等奖，但每次都落选，仅获优秀奖。专家们说：他的画哪儿都好，挑不出什么毛病，可总觉得缺点儿什么，让人先感觉到是画，其次才是虎。

这位画家就把自己关在屋里，构思、运笔，一张张画，画了许多的虎，可是，每一张都不满意，总觉得缺点儿什么。可缺什么呢？他说不出来。他很苦恼。每日茶饭不香。

他的夫人——一位普通的小学教师，看到他这个样子，问："你怎么了。"他把心中的苦恼说了。

她想了想，问："你画虎之前在想什么？"

"我想，我画的虎一定要让别人喜欢。"

"你心里想的都是别人，画的都是别人的虎。"夫人平静地看着他，说了一句让他终生难忘的话："为什么不画你自己心中的虎呢？"

他顿悟。

他的画有了质的飞跃，画面上的虎，无论动、静，都透着一种特有的神威，栩栩如生，给人身临其境之感。

画作在全国性的画展中展出，受到专家一致好评。他本人也名气大增，收藏家竞相收藏，价格比之前提高几倍。

许多时候，我们太在意别人的喜好，压抑了自己心中的灵感，辜负自己，也并没有讨好到别人。

精彩赏析

文中的画家画过无数只虎，形神兼具，却总让人觉得不够真实，原来这是因为他总想着要画让别人喜欢的虎，进而忽略了自己心中的虎，改正这一点后他的画有了质的飞越。这告诉我们，不论是艺术创作，还是生活都要勇敢地做自己，一味迎合别人只能是舍本逐末。做自己，因为你有着独一无二的性格、阅历、思想，因为与众不同才分外精彩。人生好比白纸，每个人的经历不同，纸上的涂抹就不同，我们应该走自己的路，活在别人的桎梏下是可悲的。

家，不是讲理的地方

🌸**心灵寄语**

> 家是讲爱的地方。家人之间如果得理不饶人，温馨的家便会覆盖一层阴影，爱的美好就会在互相争吵与互相伤害中消失殆尽。

这是好多年前的事了，但我一直清楚地记得，就像刚刚发生一样。

那天，公司要宴请一位重要客户，我和他还有另一同事，奉命前去作陪。我们离开办公室，他一边走，一边拿出手机打电话，向夫人请假。

"喂，今晚有事，不回去吃饭了。"

"你早干什么了？你怎么不早说呀！我都做好饭了！你以为你是谁呀！你以后再别回这个家！我才不伺候你呢！"

电话那端，传来女人气势汹汹的声音，声音很大，我和旁边的同事都听到了。我们看着他，他不好意思地朝我们笑笑，对着电话继续说道："公司临时有事，我也是才知道。我知道你是心疼我，我没事，你放心。我不会喝多的。好，就这样吧，你早点休息，不用等我，我尽量早点回去。"

走出办公楼，同事去开车，我们俩在门前等着。我看看他："你脾气真好，刚才她那么发火，你还这么和气地和她讲道理。"

他笑了笑，说："其实，她已经把电话挂了。"

我瞪大眼睛："那你……"

"我是讲给自己听的。"

我有些为他鸣不平："虽然你晚回家不对，可她那样做，也有些太不讲理了！"

他拍拍我的肩，说了一句让我一辈子忘不了的话："年轻人，记住：家，不是讲理的地方。"

精彩 赏析

作者的同事告知夫人自己要加班，夫人勃然大怒，同事却心平气和，耐心解释。这一点我们很多人就做不到，我们常常在别人诘问前先一步开口，遭到呵斥后更大声地呵斥，即便对面是我们的家人。其实，在很多时候家是不需要讲道理的，多一点理解和尊重，就多一点爱，家才能成为幸福的港湾。不过人不可能仅凭一件小事就得出足以受用一生的道理，对于文中的观点，我们还需要辩证地看。在特定的情况下，即便与家人也要据理力争，如果以爱的名义蛮横骄矜，就曲解了作者的本意了。

幸福的门槛

🌸 **心灵寄语**

　　幸福没有固定的标准，好似一道门槛，它的高低取决于自我的看法与定位。如果过得不快乐，不如试着换个角度，降低幸福的门槛。

　　朋友乔迁新居，约我去他家玩。新居装饰得豪华气派，一进门，是一个 30 平方米的大厅，宽敞明亮，摆放着红木家具、高档电器。左边是两间卧室，大人、孩子各一间，杏黄色落地窗帘一直垂到木色地板上，温馨怡人。右边是一间书房，书柜占了一面墙，旁边是电脑桌、装饰射灯，书房连着阳台，阳光从窗子射进来，照在光滑的地板上，很有种现代家居的格调。厨房和卫生间，也都很现代，充满时尚感。

　　看完朋友的新居，还有他阳光灿烂满脸幸福的样子，很自然联想到自己。一想到那只有几十平方米的蜗居，心里有一种说不出的挫败感。什么时候，我才能有这样宽敞气派的大房子？

　　从朋友家出来，我没有像往日那样急着回家，而是绕道去了滨海路。沙滩上游人渐少，我漫无目的地走着，不时踩到游人丢弃的纸袋垃圾。走着走着，突然旁边传来一个声音："阿姨，请你绕到旁边走好吗？别踩坏我的城堡。"

　　我转过头一看，一个小男孩坐在沙滩上堆沙子，旁边已堆好了几座小山，山顶上插着一个冰棒棍。

我忍不住笑了："哟，这些小房子都是你的！"

"它们是城堡，阿姨。"男孩骄傲地说。

"哦，是城堡，你想象自己住在里边，是吗？"我蹲下身，看着他堆城堡。

"不是住，是拥有！"男孩仰起天真的小脸，看着我，很幸福的样子。

落日的余晖映照在海滩上，泛着红色的光芒。我望着男孩和他的城堡有些感慨。人类的欲望是与生俱来的，从小孩子起就喜欢拥有，但孩子的幸福来得简单，在沙滩上堆一个城堡就很幸福了。而我们大人的幸福却很复杂，似乎幸福程度和拥有的物质财富成正比，似乎总也达不到。有 60 平方米就想，住 100 平方米房子才算幸福。有一处房子的想，看人家有两处多好！

很多时候，我们感觉不到幸福，是因为把幸福的门槛建得很高，把自己挡在了门外。

精彩赏析

做什么都要跟别人比，是人生不幸的根源。文中的"我"在看到朋友豪华的新家后顿生挫败感，去海边散心，被小男孩纯洁天真的思想启发，明白是自己把幸福的门槛建得太高了。人总是拥有的越多，想要的就越多，于是把幸福的门槛越定越高，这样即使生活中出现惊喜，也会被人拒之门外。所以做人要学会知足，如果我们事事都追求完美，得到了一束鲜花就想要配上精美的花瓶，没得到花瓶，就郁郁寡欢，那我们就会错过鲜花最美的盛放。把幸福的门槛建得太高，反而钻进了幸福的圈套。

成功者的家

🌸 **心灵寄语**

　　一个人要取得成功，往往需要大量的经验和积累，需要大量的摸索和感悟。

　　朋友的父亲要去美国定居。他是一位企业家，曾创下三年销售12万台钢琴的记录，引发全国钢琴热，完成了资本原始积累。之后，他拿下国外某品牌的中国总代理，还成功运作一个房地产工程。这些，是他商业生涯成功的经典，广为人所知。我非常敬重他，也很感激他。他在我升学、就业等重要关口，给过我有益的指导。现在他要走了，我心中有些不舍。精心准备了礼物，去向他告别。

　　朋友出来接我，他家是一栋漂亮的海滨别墅。我跟在他后面，心里十分羡慕。他帮父亲处理生意上的事，之后也会去美国。

　　我们坐在宽敞、装饰豪华的客厅，他们一家将远赴美国，享受舒适的美式生活，再想想自己：那狭小的蜗居、微薄的收入、黯淡的事业，不禁有些心情沮丧。

　　朋友的父亲问我："听说你和朋友建了一个网站，现在经营得怎么样？"

　　"还那样。没什么进展。"我有些无精打采地说。

　　"我觉得这想法很好，好好经营会有发展的。"

　　"可是没有资金、人脉，想发展也很难。我们比不了您，您想做什么就能做成，我们不行，想做点事太难了。"

"做一件事情，你可以把它想得很容易，也可以把它想得很困难。如果很容易，我劝你最好别做，因为那做不成，如果能做，就是个陷阱。真正做成一件事情，都会遇到困难。成功的是少数，失败是大多数。"

我点点头，心里却想：你做的事情都成功了呀。

他站起身："来，带你参观一下我的家。"

他穿过客厅，走到最里面一个房间，打开房门，让我进去，房间里堆满了东西，显得有些拥挤，但并不乱，每样东西摆放得都很整齐。左侧摆放一架钢琴，钢琴上面，放着几栋大楼模型和一部手机，这三样东西我很熟悉，是他经商成功的证明。我又把视线转向右侧，这边摆放的东西比左边多得多，有电唱机、传真机、录音机、电吹风、童鞋、石英钟、汽车后视镜等十几样，我越看越莫名其妙，不知这些东西摆在这里做什么。

"左边这三件我不说你也知道，是我成功的作品，可右边这些东西，你就不知道了。现在我来告诉你：这些也是我的作品，不过都是失败的作品。别人都只看到我成功的一面，可我失败的一面，没有人看到，只有我自己最清楚。我失败的作品，比成功的多好几倍。所以，我能给你的忠告是：没有一种成功是偶然的，每一个成功者，都曾经失败过。他成功的作品，一定比失败的作品多几倍。只是别人不知道罢了。"

那一刻，我忽然间明白：为什么我们总羡慕别人的成功，总觉得他的成功比自己来得容易简单，因为他失败的一面，我们看不到。

精彩
——赏析——

　　作者去参观朋友的家，朋友的家豪华气派，这让作者不禁为自己的碌碌无为而感伤。朋友的父亲是一位成功人士，他告诉作者，成功者的家里藏着许多不为人知的失败，正如辉煌人生的背后有着无数挫折和痛苦。你所看到的不过是别人想让你看到的，每个成功者都有过许多失败的作品，只是没有被拿出来让你看到。这个故事也告诉我们，失败是成功之母，鼓励我们勇于探索和尝试。在前行的路上不要有太多顾忌，这一次的失败可能为下一次的成功奠定了基础。

▶**预测演练四**
·······························

1. 阅读《购买时光》，回答下列问题。（12分）

（1）张先生下课后主动来到身边问"我"，"我"为什么不好意思呢？（2分）

_____

_____

_____

（2）张先生把在美国读大学时的体验和在中国某些大学里见到的情形作比较，你能体味到其中的用意吗？（3分）

_____

_____

_____

_____

（3）作者为什么说"如果您在中国当老师，会是最受欢迎的人"？（3分）

_____

_____

_____

_____

（4）文章最后一个自然段说"我们唯一的财富，就是拥有一生的时光"，你怎么理解？（4分）

_____

_____

_____

_____

2.阅读《从身边最近的地方寻找快乐》,回答下列问题。(12分)

（1）请找出文中最能体现作者观点的一句话。（3分）

_____

_____

_____

（2）在本文作者看来,一个人快乐与否的关键在于什么?（3分）

_____

_____

_____

（3）读完本文你有怎样的感受?请简单说说。（4分）

_____

_____

_____

3.写作训练。（60分）

奋斗是艰辛的，也是幸福的，因为奋斗是人生前进的过程。请以"奋斗"为话题写一篇文章，不少于600字。多角度地分析问题，文体不限，可以记叙经历、编述故事、抒发感情、发表议论、展开想象。题目自拟。

流动自己

> "流水不腐，户枢不蠹"，静置自己会掩盖悄然而至的人生危机，等到剧变出现，再想扭转败局就为时已晚。

他从国外留学回来，决定自主创业：做中式快餐。

家人、朋友都反对，因为中餐不同于西餐，太繁杂，无法标准化，所以很难做大。但是他认为：中西餐差别，固然有中餐本身的原因，但更重要的一点，是中国人的饮食习惯决定的，美国人吃饭吃的是卡路里，只要营养、热量够就可以，对食物本身并不讲究；而我们中国人吃的是感觉，食物要丰富多彩，花样繁杂，慢慢细品。之所以会这样，是因为我们有闲，有大量的闲余时间。但是随着国门打开，经济发展，生活节奏加快，时间增值，这种情况就会随之改变。也正是基于此，他选择做中式快餐，把它当作一生的事业来做，做好、做大。

经过半年筹备，在距市中心不远处一个交通便利的地方，他的第一家快餐店开业了。一年后，他又与人合作，开了第二家连锁店。现在10年过去了，他开了十几家连锁店。平均不到一年就开一家。生意越做越大，钱越赚越多，在别人眼里，他早应该住别墅、开豪车了。但是相反，他一样也没有。所有店铺都是租的，他住的房子，他用的车，都是租来的，没有一样属于他。

"你的生意这么好，为什么不买房子开店呢？这些年租房的钱，足以买下一栋楼了！这样不是很可惜吗？"朋友不解地问他。

他解释说："如果我买了房子开店，就会把店固定下来，而我做的是快餐，客户主要是城市里的流动人群，我的店址都选在交通繁华、人流量大的地方，但是城市是不断发展的，我不能保证再过些年，这些地方还像现在这样繁华、客流大。所以我决定所有店都只租不买，不把店固定下来，这样可以随着事业发展，随着城市发展而流动。"

"那你自己住的房子总该买吧？为什么还要租呢？"

"如果我买房子居住，就会把自己固定下来，就会有一种安逸稳定的感觉，人在本性上都是驱稳避变的，人们常说安居乐业，而我做的快餐是流动的事业，更重要的是我还在创业阶段，不能让自己有任何一点'安''乐'的感觉，不能让自己停下来，要让自己不停地流动，'流'居创业。"

"那么，你用的车总该买吧？你每天那么忙，外出谈事，打车多不方便！"朋友不服气地说。

"车的价值就在于行驶、流动，如果我买车，不可能每天24小时用，我不用的时候，车就会停在停车场，而我却要为它付费。以本来可以流动的钱，去换静止的车，那样我不是傻瓜吗？"

"你每天辛苦忙碌，赚的钱不买房子不买车，一点固定资产也没有，你与别人谈判合作，人家怎么相信你？"

"的确，在我的账本上，几乎没有什么固定资产，但许多人都来找我合作，和我搞连锁经营，你知道为什么吗？"说到这儿，他停下来，拿出一张自己的名片，指着上面公司的名字，"我没有高楼大厦，没有汽车工厂，但是，我保证，只这两个字，如果我想出售，就可以立刻买到高楼大厦，可以立刻引来很多人与我洽谈。我这 10 年，别的东西都流来流去，唯有这两个字固定下来。这，就是我最大的固定资产——品牌。"

精彩 赏析

主人公通过经商获取了大量财富，可他没有买房子和汽车，店铺也只是租的，他名下似乎没有固定资产。但他通过一席话解开读者的困惑，原来成功的奥秘就在于"动"字。金钱需要动起来，只有动起来才能体现出价值，如果放在银行里只会慢慢贬值；人生也需要动起来，流动的人才能求得发展，才能获得生机与活力。除此之外，人的思想也要时刻流动，要对原有的思想不断地进行批判和反思，这样才能使思想不僵化不保守，保持活力和先进。

昂贵的便宜

🌸 **心灵寄语**

> 贪图一时快意，必然留下隐患，不能因为微小的成果而放弃大局，放弃未来。

东方是我大学同窗，毕业后去了一家大型国企，后来调到团市委工作，听说还要升迁，组织部已经找他谈话了。我等着他请客，却传来他下海经商的消息。我感觉很奇怪，问他为什么，他避而不答，说正装修房子，等搬入新居请我去。

新居十分宽敞，但装饰很简洁：木制地板、古朴家具，客厅墙上挂着一幅油画，除此之外，墙面都是空白，没有一点多余的装饰。

"你现在喜欢简约风格？不错，简单就是美，感觉很舒服。你以前的家摆得太满了。"我说。

东方点点头："是啊，摆了很多无用的东西，你知道为什么？因为便宜。"

我一听笑了："我妈也是，每次上街遇到便宜东西就掏钱包，买回去什么用途也没有，我总说她，便宜而无用，就是昂贵。其实她也明白，说以后再不买了。可下回遇到便宜东西，还是忍不住买。"

"这就是昂贵的便宜。你不是问我为什么下海经商吗？"东方脸上掠过一丝嘲讽，抬手一指墙上那幅油画："就是因为这幅画。"

我有些不解地看着他。他低头喝了口茶，缓缓地说："你记不记得那年，我随一个考察团去俄罗斯。那次我们去了七天，临走前一天，翻译带我们去购物。我买了几件工艺品，后来又去当地有名的一个画室，收藏俄罗斯当代著名画家作品。我一看标价，很便宜，翻译告诉我，油画是要报关，交关税的。但一般情况下，海关不怎么检查。团里有两位买了两幅，我犹豫了一下，就买了这幅油画。"

"回国途中，我一直担心。大家都说没事，不要紧张，越紧张越出事。下了飞机，我就往四处望，看见穿制服的人就紧张，赶紧转过身去。到了关口，我自己都感到自己不正常，呼吸急促，脸色可能都变了。海关人员看看我，把我带的每个包都翻个遍，翻出那幅油画。"

"我按规定补交关税，又交了罚款。但事情并没有到此结束。这件事很快就在单位传开了，我的竞争对手大做文章，散布言论说：这样的人怎么能提升呢。其实我的升职报告已经批了，只是没有下发。领导找我谈话，我写了检查，我的仕途就此结束了。"

我看看他，又看看那幅画，不知该说什么。房间一片寂静。

"其实——"东方打破沉默，"我并不是特别喜欢画，买它，只是因为便宜。"

我仔细观赏那幅油画，那是一幅美丽的风景画：蓝色的大海，涌起层层白色波涛，一只小船孤独地航行在茫茫的海面上。

精彩
—**赏**析——

　　文中的东方起初在国企工作，后来步入仕途，本来前途无量，却因为偷逃关税而失去了升迁的机会，根本的原因是他不能很好地控制欲望。这篇文章告诉我们，有些"小便宜"会成为人生的负担，甚至对生活产生巨大影响，说它们昂贵，并不是指它们本身的价值，而是指人为此付出的代价。生活中我们常见到便宜的东西就买回去，从来不管它们到底有没有用处，它们占据着我们的空间，损耗着我们的精力，使我们得不偿失。所以要学会简单地生活，不让贪欲沾染心灵。

—————————

打醒自己

> 人的职位有高下之分，但人的身份不应有贵贱之别，尊严是一个人的底线，不能允许任何人来践踏。

那一年，他高考落榜，家里想让他复习，第二年再考，可他嫌学习太累，说什么也不读了。人生苦短，何不趁着年轻多赚点儿钱，出去玩玩，以后找个对象，结婚过日子，人生不过如此。

因为没有学历，又没有工作经验，他一连走了几家公司，都没有被录用。后来，他应聘去了一家化妆品公司做推销员。每天背着一大包产品，挨家挨户地推销，虽然很辛苦，经常看别人的冷脸，但是收入很好，一个月下来，能赚几千元。在这家公司做了一年，他看到一个纷纭的社会，学会了许多人情世故，人也变得越发圆滑。

有一天，他去人民路的写字楼做推销，那是高档写字间，收入高，买东西不太讲价，而且待人有礼貌，不会说些太难堪的话。他巧妙地混过门口保安，乘电梯上到最顶层，然后一层一层地往下扫荡。

到第17层，最外面一扇门上赫然写着：推销员和狗禁止入内！刹那间，他感到身上的血往上涌，做推销这么久，什么样的客人都见过，有的怕打扰，不欢迎他们，最多在门上写"推销员禁止入内"，可从没见过这么写的！这不是侮辱人格吗！

他愤怒地握起拳头，推门而入，扫视办公间，大声地说："我是来推销的！"

办公间装饰豪华，一个老板模样的人坐在沙发上打电话，看到他先是愣了一下，然后脸色一变，质问道："你没看到门上写的字吗？你给我滚！"

他气得脸色由红变紫，把身上的包往桌上一放，把里面的东西一股脑倒出来，然后双手抱在胸前，示威地看着他。

"你、你私闯公宅！我要叫保安！"

保安上来，不由分说把他连推带拽拉走。他去找写字楼的经理交涉，要求把那家公司门上的字去掉。经理解释说："写字间已经租给他们，门上写什么是他们的私事，我无权干涉。"

他气愤地和经理理论："你要不管，我就去找媒体，他们这样写太过分了！"

经理劝他："年轻人，消消气。我知道这样是挺过分，但你知道他们为什么写那行字吗？就在上个月，那家公司老板收到一万元货款，因为着急发传真就随手放在桌子上，这时一个推销员来推销产品，他走了以后，老板发现钱没了。所以也不能怪他们，现在推销员大都是外地人，没什么文化，素质差，为了卖东西，连哄带骗，有时候趁人不注意，还偷东西。"

那天，他一个产品也没卖。回去以后，他就向公司辞职，用自己赚来的钱，交了学费，返回学校复习。因为离开太久，功课跟不上，他常常学到深夜。他补习了两年，考上一所重点大学，主修市场营销。毕业后，他去了南方一家大公司，从市场部业务员一直做到公司高管，在业界享有盛誉。

他非常感谢当年把他撵出门去的老板。如果不是他，现在他还是一个背着化妆品满街转的小推销员。如果不是冲进去和他吵架，生活就不会打醒自己。那是他涉世之初遭遇的最大打击，也是人生的最好礼物。

精彩
—赏析—

主人公起初觉得人生苦短，学习没有意义，直到因为推销商品时受到侮辱后，他才明白了提升文化的重要性，于是发奋学习，最终取得成功。其实，文中那位写下"推销员和狗禁止入内"的老板本意并非是"打醒"推销员，而是对推销员这份职业的偏见和鄙夷。主人公更应该感谢的是自尊自强的自己，令他成长的是自己的选择，而不是他人的伤害。自尊自强的人懂得不畏艰辛，逆流而上，他们有坚定的信念和不懈的追求，因此他们更容易走向成功的。

_____

承受极限

🌸 心灵寄语

生活会把机会留给愿意负重前行的人，为了能有更好的回报，为了等到最好的结果，学会忍耐是必须的。

一位年轻人毕业后，入职海上油田钻井队，钻井队是中方与日方合资企业，主管是一位日本人。工作第一天，领班要求他在限定时间内，登上几十米高的钻井架，把一个包装好的礼盒送给上面的主管。

他一溜小跑，以最快的速度跃过狭窄的舷梯，气喘吁吁、满头是汗地登上顶层，把盒子交给主管。主管在上面签下自己名字，让他再送回去。他又快跑下舷梯，把盒子交给领班。领班也同样在上面签名，让他再送给主管。

他不解地看看领班，犹豫了一下，转身登上舷梯。当他第二次登上顶层，把盒子交给主管时，浑身是汗两腿发颤。主管和上次一样，在盒子上签名，让他再送回去。他擦去脸上的汗水，转身走向舷梯，把盒子送下来。领班签完字，让他再送上去。

他有些愤怒，看看领班平静的脸，想大声质问，为什么？但他还是克制住了。擦去满脸的汗水，走向刚刚走下的舷梯。他拿着盒子，艰难地一个台阶一个台阶往上爬。登上最顶层时，浑身上下都湿透了，汗水顺着脸颊往下淌，衣服能拧出水来。

他把盒子递给主管。

主管没接，指着盒子，傲慢地说："把盒子打开。"

他撕开外面的包装纸，打开盒子，里面是一罐咖啡。他愤怒地抬起头，双眼喷着怒火，射向主管。

这位傲慢的主管又对他说："把咖啡冲上。"

这位年轻人再也忍不住，啪的一下，把盒子扔在地上："我不干了！"

他看看地上的盒子，心里痛快了许多，积压的愤怒释放了出来。

这时，主管站起身来，直视他说："刚才让你做的叫承受极限训练。因为我们在海上作业，随时会遇到危险，要求队员必须有极强的承受力，只有通过承受各种危险的考验，才能完成海上作业任务。可惜，前面三次你都通过了，只差最后一点点，没有喝到你冲的咖啡。现在，你可以走了。"

承受是痛苦的，它压抑了人性本能的快乐。但是人要想成功，就要承受常人承受不了的痛苦，才会在某个方面有所突破，实现最初的愿望和梦想。可惜，许多时候，只差一点点，人为了一时痛快，而没有喝到咖啡。

精彩赏析

文中的年轻人在平台和钻井架之间往返了三次，作者对他每次登上钻井架后的神态描写得细致入微，体现了每次往返的体力消耗之大，为下文年轻人的情绪爆发埋下伏笔。主管对年轻人的考验看似很苛刻，但实则是海上工作的硬性要求，从事海上作业危险重重，必须具有良好的承压能力。年轻人最终还是在快要成功时选择了放弃，令人惋惜。这个故事告诉我们，忍耐是锻炼意志的一种重要手段，做人要学会忍耐，忍得住嘲讽，经得起挫折，这样我们的人生才会辉煌。

人生有五枚硬币

🌸 心灵寄语

在我的逆境来临时，是我生命力量最具战备状况的大好时机。

——三毛

五一节后，我和朋友去旅顺办事，听说陈家村三位渔民因为轮船发动机出故障，在海上漂了七天六夜，村里人以为他们遇难了，没想到他们活着回来了。我听了急忙赶去采访。

三位渔民脸晒得黑红，坐在我面前，讲述七天的经历，面带笑容，语气平淡，好像不是他们亲历而是发生在别人身上似的。

"你们想到会漂七天吗？"

"没有！我们刚到地方，还没下网，发动机就坏了。当时并不害怕，我们今天回不去，家人和村民知道出事了，明天肯定会来找我们。可是第二天，海上大雾，没有船来救我们，水流把船冲得离家更远。我们害怕了，给自己打气，再坚持一天，明天雾会散，会有人来救我们。就这样每天期盼着，如果开始就知道会漂七天，受这么多罪，我们可能会受不住。"一位年纪较大的渔民说，他是船的主人。

"第六天的时候，我实在坚持不住了，喝进去的海水在胃里翻腾，难受死了，就在这时听见了马达声，看见一条船朝我们开来，我们三人趴在船上喊救命，可是那条船上的人却冲我们说：
'你们慢慢漂吧。'我绝望了，想跳海死了算了，是老大救了我。"
年纪较小的帮工指着船主说。

船主摸摸后脑勺："其实也没什么，我只是给他们讲了一个
五枚硬币的故事。"

"小时候，我生活在内蒙古草原。有一次，我和爸爸在草原
上迷了路。我又累又饿，到最后走不动了。爸爸从兜里掏出五枚
硬币，把一枚硬币埋在草地，把其余四枚放在我手上，说：'人
生有五枚硬币，童年、少年、青年、中年、老年各有一枚，你现
在才用了一枚，就是埋在草原上这一枚，你不能把五枚都扔在草
原，你要一点点地用，每一次都用出不同来，这样才不枉人生一世。
今天我们一定要走出草原，你将来也一定要走出草原，世界很大，
人活着，就要多走些地方，多看看。不要让你的硬币没用就扔掉。'"

"我们走了一天一夜，终于走出了草原。我一直记得父亲说
的话，一直保存着那四枚硬币。25岁时，我在食品厂上班，有
一天从电视上看到大海，我把第二枚硬币埋在厂里，带着其余三
枚硬币，乘车来到大连旅顺，当了一名水手。今年是我在海上
第九个年头，我用攒的钱买下这条12马力小船。我还有一个梦
想，将来有一条可以远洋的100马力大船。我还年轻，还有人
生的三枚硬币，不能就这么把它们都扔到大海。我们一定要活着
回去！"

海上漂泊七天六夜，他们喝海水，吃鱼饵，忍受着肉体和精
神上的双重痛苦，直到现在他们还因海水中毒而全身浮肿，胃出血，
脚溃烂，但他们坐在我面前，面带笑容，语气平淡，对他们来说，
所有的灾难都已成为过去，重要的是他们还活着，还拥有人生的
三枚硬币，这比什么都重要。

精彩
—赏析—

　　作者巧妙地把人生的五个阶段——童年、少年、青年、中年、老年比喻成五枚硬币，角度新奇，也表现了人生命的珍贵。文章主要讲了两个故事：船主小时候和父亲在草原迷路，父亲讲五枚硬币的故事给了他走出去的信念；船主一行人在海上遇险，活下去的信念支撑他们度过了漫长的七天六夜。这两个故事告诉我们，不论是不幸的人生遭遇，还是与生俱来的个人条件，都无法决定我们的命运，只要信念之灯不灭，我们就可以凭借自身的顽强意志走出色彩明丽的一生。

假如死亡来临

🌷 心灵寄语

　　人生最大的遗憾不是功败垂成，而是我本可以。在你想退缩或者找借口逃避时，请询问自己："如果不是我，那会是谁？如果不是现在，那又是什么时候？"

　　朋友在证券公司，整天飞来飞去，满世界地跑，忙得要命，难得见他一面。我们的联络方式是打电话。

　　有一天晚上，他打电话来，我们天南海北地聊。聊着聊着，他突然问我："如果让你花一元钱，可以买到哪一天会死的信息，你买不买？"

　　我想了想，摇摇头说："不买。"

　　"为什么？"

　　"人生最大的痛苦莫过于知道自己哪天死。所以最好的死亡方式是：突然间来临，来不及思考，生命突然终止。"

　　沉默了一会儿，电话那端，他轻声说："可是，我买。"

　　"为什么？"

　　"我怕死亡突然来临，还有许多想做的事没有做，把它们带进坟墓去。不过，我也不想知道得太早，提前10天让我知道就行。"

　　"你想用这10天做什么？"

　　"5天时间给我家人，好好陪陪他们。5天时间给我自己，做我最喜欢的事情。"

"你最喜欢的事情是什么？"

"和我爱的人在一起。我开着车带她穿越大森林。"

我笑了："这并不难。你为什么不现在就做呢？"

他叹了口气："现在这么忙，哪有时间啊？"

我也在心里叹了口气，想起另一位朋友，他是外贸公司经理，工作非常忙，也是满世界地飞，整天忙着谈判、签合同，一年难得回家几次。他觉得亏欠妻子和女儿，说等公司业务发展好了，陪她们去欧洲度假。公司业务一直在发展，可他总觉得还不够好，结果一拖再拖，始终未能成行。后来，他在一次赴日本谈判时，心脏病发作死在途中。

许多时候，我们把最喜欢做的事留在最后。可惜，死亡来临之前不会提前通知。虽然我们身处信息时代，信息高速公路已经架到眼前，却没有一家公司出售死亡的信息。所以，大多数人留在最后、最喜欢做的事情，最终带进坟墓里去了。

精彩
——赏 析——

作者讲述了两个朋友的故事。他们都忙于事业，想抽出时间陪伴家人却一拖再拖，其中一位朋友突然死于心脏病，他的愿望也再没有实现的可能。我们总觉得人生是漫长的，总会把一些想做的事留到最后，殊不知人生无常，没有人知道明天和意外哪一个先来临。虽说生活是有些缺憾才完美，可并不是所有的遗憾都是如此，在能规避的时候我们应尽量规避掉遗憾。感恩时光的馈赠，去读一本书，爬一座山，行一段路，想做什么现在就出发，珍惜当下的一切。

慢慢变老

🌸 **心灵寄语**

> 人生有三次成长：一是发现自己不再是世界的中心的时候，二是发现再怎么努力也无能为力的时候，三是接受自己的平凡并去享受平凡的时候。
>
> ——周国平

和朋友参加完聚会，他开车送我回家。已近午夜，喧闹的城市安静下来，街道冷冷清清，几乎看不到行人，偶尔有车辆从我们旁边经过，疾驰而去，消失在远处。

又有一辆车超过我们，疾驰的声音打破夜的宁静，卷起的尘烟形成一道不规则的抛物线。我不由地抬起头，朝那辆车的背影望去。

"如果10年前，我开车谁也别想超过。但是现在，谁都可以超过我。"朋友依然不紧不慢地驾着车，语气淡淡地说。

我收回视线，转向他。10年前我们尚未相识，所以只能想象他那时的样子。

其实也不难想象，那时的他，应该就像刚刚超过我们的那辆车的主人吧，年轻，冲动，激情勃发，沉醉于速度所带来的快感，和对前方目标的追逐中，因而无暇欣赏路上的风光。

"你从什么时候、是什么原因，开始放慢速度的呢？"我问。

"具体什么时候我也说不清，因为是不知不觉，循序渐慢，并不是突然从某一天、某个时刻开始的。至于原因，我想除了体力上的，更主要是心力上的。年轻时总觉得前边有什么等着你，于是开足马力，一路狂奔，急着到达。"

"那现在呢？为什么不急了？是不是已经知道，其实前面没什么？"

朋友点点头："是，除了变老，别无其他。"

人生是一次旅行，我们都是行者，从懂事起就在赶路：求学、创业、拼搏、厮杀……所有这一切，都是为了一个目标——成功。但究竟什么是成功呢？它与其说是一个结果，不如说是一次旅程，是速度、长度与宽度的总和，三者构成你的人生积分。

年轻时，因为积分较少，所以沉迷于速度，追逐长度。但是不用急，岁月是人生的总教练，冥冥中，我们都在接受它的调遣。它会告诉你，何时狂奔，何时减速。到了一定年龄，它就会提醒你，放慢行走的速度，给自己以闲暇，享受慢的乐趣。

慢，是岁月送给我们的礼物，如果你还没收到，说明你还年轻。

如果你已不再年轻，就微笑着欣然接受。在经历了速度与激情之后，细细品味慢的优雅与从容。

精彩
——**赏**析——

作者通过写开车速度的快慢表现两种不同的人生状态，快与慢分别对应着年轻与年老。人年轻时雄心勃勃，激情无限，做事喜欢追求速度；上了年纪便喜欢四平八稳，与生活和解，更侧重欣赏沿途的景色。其实，人生还是需要慢下来，岁月越是匆匆，我们就越要放慢脚步，活出生命的质感。放慢脚步，我们就能重新审视自己，看到自己的内心世界。尽管时间不能停滞，但我们可以驻足欣赏，既然沿途有着绚丽的风景，我们又何必风雨兼程，脚不停息？

———————————

老人的眼睛

🌸 心灵寄语

你眼中有春与秋，胜过我见过爱过的一切山川与河流。

——《化身孤岛的鲸》

和朋友去南方旅游，下了飞机，乘车往市区走。他望着车窗外，说"我每到一个地方，先看看这里的老人的眼睛，从他们的眼神，就知道这座城市的性情。"

第二天，去城郊游玩，我们迷路了，向一个在路边玩的小男孩问路。他告诉了我们，热情地要送我们一程。这时，后面追来一位老妇人，大声呵斥男孩，她那像汽笛一样的声音，把我们震住了。她那像刀子一样的眼神，扫视着我们。我们逃也似的离开，感觉自己像是坏人。

我不知道，怎样的生活、怎样的经历，让她有那样的眼神。我对这个城市失去了好感，连继续游玩的心情都没有了。

以后，我再到各地旅行，就先看那里的老人的眼睛。我发现，几乎每个老人，无一例外，眼睛中间的黑色球体不再晶莹发亮，不同程度地变淡，变暗，有些发黄，眼角乳白色晶体也不再晶莹剔透，而是布满了血丝，浑浊、暗淡。尤其看到陌生游客时，表现出疑惑、审视、防御、失落、麻木，只有极少的豁达，这样的眼睛，每看一次，心就忍不住紧缩一下，忍不住感叹：人生的风雨、岁月的尘埃，都清清楚楚，落在这心灵的底片上。

我常常想，有没有那样的老人，有着孩子般纯净清澈的眼神？我留心观察、寻找。直到多年后的一天，在千山松山寺，林中一条小路上，他挑着一担水，朝我一笑，眼睛明亮，清澈见底，像一个 10 岁的孩子。

他已经 60 岁了。20 年前因为感情和事业的原因，步入佛门，从此远离红尘，苦心修炼 20 载。他给我看小时候的照片，那时他八九岁，眼睛明亮，清澈见底。还有他出家前的照片，不惑之年的他，眼神幽暗，浑浊无光。再看看现在的他，判若两人。

他这一生，前 20 年虽有成长的烦恼，但没有大的磨难、坎坷；中间 20 年，感情受挫，事业波折，是他一生最痛苦的时期；后边 20 年，远离尘世，静心修炼，无欲无求，又找回内心的平静。这三段经历，眼睛是最好的证明。从青少年时的明亮清澈，到中年时的混浊无光，现在，经过 20 年的修身养性，又变得和最初一样纯净、清澈了。

我希望自己 60 岁时，也像他一样，有一双明亮、清澈的眼睛。但我不会像他那样，远离尘世、遁入空门。我愿意留在红尘之中，把人生当成一种修行。让岁月的尘埃，落在我的身上，即使留下丝丝印痕，眼睛没那么明亮、清澈，只要多一些智慧、一点豁达。

精彩
—赏析——

　　文章以细腻的文笔描写了老妇人和松山寺老者的眼睛，前者的目光是充满怀疑、戾气的，后者的目光则纯净清澈，这反映出两人心境的差异。为人尖酸刻薄，眼神就时刻露着凶狠；为人豁达乐观，眼睛就会变得明亮澄澈。眼睛是心灵的窗户，如果有太多的欲念让心灵蒙尘，目光就会变得呆滞、浑浊。眼睛折射着人心灵的光彩，一个人的真、善、美与内心的充实可以体现在眼睛里。所以，请将心灵的尘埃掸落，别让世俗把纯净的眼眸弄脏。

人生的五座桥

💮 **心灵寄语**

> 人生的五座大桥连接着现在的自己与未来的自己，桥这边与桥那边是两种截然不同的生活状态，所以在选桥、过桥时，要格外慎重。

国庆节回故乡，父亲告诉我，新建的彩虹桥通车了，去江北就方便多了。

小城名气不大，但按面积算很大，一条江把城区分为两半，我家住江南，过江的桥离得较远，我们除了节假日去江北游玩儿，平时很少去。

儿时好友知道我回来，开车带我去江北玩儿。远远的，就见江面架起一座拱桥，像一道美丽的彩虹，把江南与江北连在一起。我们驶过去，距桥约 10 米处有一条白线，旁边有个红色木房，收过桥费。我们停下，交费。

30 元过桥费，够贵的。我忍不住吐槽。

好友开玩笑，说："我慢点儿开，别亏了过桥费。"

车子驶过那条白线，驶上彩虹桥。桥修建得美丽壮观，拱形桥梁像水面上的波浪，起伏荡漾。好友放慢车速，让我慢慢欣赏。车子驶过大桥，我又回身望去，那条白色过桥线，又拦住几辆车。

前边就是江北公园，彩虹桥让来去的路变短了，但漂泊的路却很长。等节日一过，又要离家北漂，不禁有些感慨，人生路漫长而艰辛，不知要过多少座桥？

出生是人生的第一座桥，把我们带到人世间。但这座桥不是我们自己选择的，如果能够选择的话，我想每个人都会选择一座富有与高贵的金桥，不会选择一座连着贫穷与卑微的木桥。但有意思的是，许多声名显赫功绩卓越的人，都出身贫穷，身份卑微，他们除了自己，没有什么可依靠的，依靠自己奋斗成功。而有些出身富贵、家财万贯的，却过着纸醉金迷、不思进取的生活，生前享尽荣华，死后默默无闻。所以，出生这道桥虽然无法选择，但是可以改变，把一条破旧的独木桥，变成通往成功的彩虹桥；也可以将一座金灿灿的大桥，变成通向墓地的断桥。

求学是人生的第二座桥，为我们储备知识和能量，决定未来会走多远。每个人出发时都想比别人走得远，但有的人一直在想，却无法将想法变成现实。有的人一直在走，用生命去丈量理想。想好了再走，是智者；走完了再想，是愚者；边走边想，是普通人。

择业是人生的第三座桥，帮我们确定目标和方向，决定未来的生活方式。有的人先顾肚子，肚子长在身体中间，中间地带当然重要，所以要先把肚子填满。有的人顾两头，用大脑思考，用双脚丈量。为了追寻理想，宁可肚子受点儿委屈。

婚姻是人生的第四座桥，给我们一个平静的港湾，让心灵有所依托。人生路漫漫，走累了倦怠了，需要一个停靠的站台。充上电加满油，好再次起航，以免途中抛锚，搁浅。

退休是人生最后一座桥，让我们从忙碌的工作中停下，把肩负的责任退下，把自由还给你，把生命放回你的掌上，安享一生最后的时光。

路漫漫而远兮，人生中会有无数的桥，最关键的就是这"人生五桥"了。

路上的桥，有人在前方设一条过桥线，提醒你停下来。

人生的桥，没人为你设过桥线，没人提醒你停下来。你要自己停，自己想，别过错桥，别走错路。

如此说来，30 元过桥费还是很便宜的。

精彩 赏析

作者把文章结构安排得十分精妙，先由和友人过桥被收 30 元过桥费的事例引出主题，之后把人出生、求学、择业、婚姻、退休这五个阶段比作五座桥，形象地写出这五个阶段对人生的重要性。在文章结尾，作者以一句"30 元过桥费还是很便宜的"呼应开头，也升华了文章主旨。文中对出生、求学、择业、婚姻、退休的思考富有哲理，寥寥数语写出了人生百态。这五个阶段就是人生中最重要的五座桥，桥的那头连接着未知，然而不要怕，勇敢的人前方才有路。

离山最近的地方

🌸 **心灵寄语**

> 请让我独自行事，自由做梦，任凭明天对我裁决。
>
> ——纪伯伦

那天我上山散步，遇到一位卖龟者，极力向我推销。虽然乌龟相貌丑陋，不怎么招人喜欢，但它性格稳重，生活俭朴，生命持久顽强。我想了想，就兴冲冲地买了。

回到家，我把它从塑料袋里取出，放在客厅地上。也许是感觉陌生，它有些不适应，胆怯地缩着头，匍匐在地，一动不动。我蹲下身，摸了一下它厚重的壳，爱怜地说："嘿，小家伙，以后这儿就是你的家了。"

它慢慢探出头，朝我瞥了一眼，撑起身子，移动四肢，一步一步，爬到最里面的一个角落，不再动弹。我望着它，心里忽然间有一种温暖的感觉，从今以后，我们将朝夕相处，应该给它起个名字。可是，叫什么好呢？

我认真地想了一晚上，既然它以寿命见长，就叫"久久"吧。

按照卖龟者的嘱咐，我每两天把久久放到卫生间，用温水洗一次，让它排泄。它吃的非常少，一片菜叶能吃好几天。也非常听话，从不乱动，总是待在角落里，时常感觉不到它的存在。它也许怕生，我把它放在空房间里，让它自己待着。闲着时，就去它房间，把它从角落里抱出来，放到地中央，逗它玩，和它说话。慢慢地，我们就熟了，有时候它自己从角落里爬出来，趴在屋中央，东张西望一会儿，再慢慢爬到另一个角落去。

国庆节快到了，好友约我去海岛玩。我有些发愁，以前一个人天马行空，来去无牵挂，可现在有了久久，它怎么办呢？我想送到父母那里，可爱整洁的父母肯定把它囚在桶里，又不忍心了。想来想去，还是决定把它留在家里。

临行前，我在钵里放了两片菜叶，又放了些水，保证菜叶鲜嫩。然后，随手关上门，门没关紧，留了一条缝。没想到这扇虚掩的门，改变了久久的命运。

我从海岛回来，进门顾不上劳累，先去看久久。钵中有吃剩的菜叶，但它却不见了。我一边喊着久久，一边把房间、客厅、厨房和阳台都找了一遍。找了半个多小时，累了一身汗，却连个影子也没有。真奇怪，它去哪儿了？

我累了一身汗，把转椅拽出来，刚想坐下，一低头看见地板上一团黑乎乎的东西，吓得差点叫出来。是久久！我又气又喜，抓起它一顿唠叨："你这个小淘气，不好好在你房间里待着，跑到我这里来干什么？你是不是混熟了，胆就大了……"

久久微微伸着头，眯着眼睛，调皮地看着我，像一个久别重逢的老朋友。本来我有些精疲力竭，看到它又兴奋起来，把它抱到卫生间，用温水洗得干干净净，又切了几片苹果给它。它真饿了，嘎吱、嘎吱地吃起来。吃饱后就靠在我的椅子边安然而卧。我猜在我外出的几天里，它一个人自由自在，把所有房间各个地方都看了个遍。

以后几天的情况，证明我的猜测是对的。久久不再像刚来时那样待在角落，也不再安于在自己的房间，一会儿跑到客厅，一会儿跑到阳台，跑到我房间也是常有的事。不过它最喜欢去的地方是阳台。

　　我住的公寓依山而建，阳台是敞开的，我每天早晨起来，实际上已近中午，总要先去阳台待会儿，呼吸来自对面山坡上的新鲜空气。阳台是我最喜欢的地方，没想到久久也和我一样，这给我平添许多麻烦，时时要小心谨慎，生怕踩到它。有一次我去阳台，开门时把趴在门边的它推出去好远，吓得我魂飞魄散。急忙上前抱起它，看到它安然无恙才松了口气。我把它放回房间，用力关紧门，打算不再放它出来。

　　可是，第二天我推开久久的房门，看到它匍匐在门后，伸长脖子，用希冀和渴望的目光看着我，我又心软了，把门打开，恢复它的自由。

　　进入十一月，天气骤然降温，冬天第一场大雪悄然而至。那天我早起出门，参加一个研讨会，走时看见阳台的门虚掩着，冷空气直往房间里钻，便匆匆地把门关上。

　　开了一天会，晚上聚餐，回来时已很晚，我发现久久不见了。四处找，最后在阳台上找到了。它蜷缩在一个角落，浑身上下冻得冰冷。我赶紧把它抱到房间，放在暖气下面。很久，它慢慢缓过来。我松了口气，以为没事了。谁知，三天后，久久死了。

　　像我这样的年龄，还没经历过亲人的离世，没体验过死亡的滋味，不能完全理解"死亡"这两个字意味着什么。当我抱着身体已经僵硬的久久，凝视着它那紧闭的眼睛，那两个针孔一样已经没有呼吸的鼻孔，我仍然无法相信，久久真的走了！

　　死亡是我们的邻居。从来到世上那天起，它就在那儿，只是我们不知道。它躲在一扇门后，默默注视着你，等着你走进，然后一关门，把你带走。

　　人生的悲剧就在于此。在走进那扇门之前，不知道那扇门将把你带向哪里。等知道了，就已经来不及了。

　　不是吗？假如久久知道，那扇通往阳台的门，有一天会把它带向另一个世界，它还会那样快乐地奔向它吗？

假如我知道，那扇虚掩的门，有一天会把久久从我身边带走，我还会那么粗心懒散，那么不在意吗？

一连几天，我都无法相信，久久真的走了。它依然匍匐在那儿，表情平静，没有丝毫的痛苦，却把无尽的悲伤和悔恨留给了我。本来它是要活得长久的，比我的生命还长，却因为我的错……

我难过地把久久的事告诉好友，沉默良久，好友开口了："你知道它为什么喜欢去阳台吗？阳台，是离山最近的地方。"

顿时，我泪如雨下。

久久是一只山龟，它的祖先生活在山野丛林，能够抵抗最猛烈的风雪严寒，拥有生命的最高财富——自由。而它没有，但是它向往、渴望并追求自由，因此付出了生命的代价。

久久离开第三天，我安葬了它。就葬在阳台对面的山坡上。山那边是英雄公园。我知道，在这个世界上，除了我，几乎没有人知道它的名字，没有人给它英雄的称号。但在我心里，它的确是一位英雄，虽然失败了，但曾经战斗过。

精彩 赏析

作者用细腻的语言讲述了久久从被收养到死亡的过程，它的故事令人动容。它是一只山龟，在作者的悉心照料下健康成长，可它对这样的生活不满意，总爱爬去阳台，因为那里离它的故乡最近。它敢于反抗命运，最终死在了追求自由的路上。作者直到山龟死亡后才真正理解它，这也是"顿时，我泪如雨下"的原因。没有人喜欢被囚禁的生活，被束缚着尽管会过得安逸，但却失去了生命中最宝贵的自由。文中的山龟是一位英雄，它这种不畏艰辛、不懈追求的精神值得我们学习。

▶ 预测演练五

1.阅读《流动自己》，回答下列问题。（13分）

（1）文中的"他"为什么不买房子和车子？（4分）

_____

_____

_____

_____

（2）为什么说品牌是最大的固定资产？（3分）

_____

_____

_____

_____

（3）结合全文，请谈谈你对"流动"和"固定"的理解，这两个概念对我们的生活有什么启示？（6分）

_____

_____

_____

_____

2.阅读《承受极限》，回答下列问题。（13分）

（1）作者是怎样表现年轻人在海面和高井架顶层之间往返体力消耗很大的？有何妙处？（3分）

_____

_____

_____

（2）如何理解主管最后说"没有喝到你冲的咖啡"？（3分）

_____

_____

_____

（3）在海上油田钻井队工作，登高爬下是少不了的，但文中描写的"承受极限训练"的要求是否过于苛刻？说说你的看法。（3分）

_____

_____

_____

_____

（4）读完本文，你有什么感想？（4分）

_____

_____

_____

_____

3.写作训练。（60分）

人在成长历程中，会遇到种种阻碍，只有突破这些阻碍，才能不断成长。当我们不够自信时，要突破自卑的阻碍；当我们不够勇敢时，要突破怯懦的阻碍；当需要沟通、理解时，要突破隔阂的阻碍……请以"突破"为话题作文。不少于600字。

只是一团污迹

🌸 **心灵寄语**

> 失败是一团污迹，在这团污迹中可能诞生出成功。成功需要大量尝试，在尝试的过程中不要有太多顾忌，不要因为可能出现失败而畏惧。

周末，朋友打电话来，让我晚上去滨海路的老地方。我们几位好友常去那儿玩，听音乐，喝酒，放松自己。有时遇到棘手的事，也会互相倾诉，让对方帮忙分析，拿主意。

我如约而至，朋友已经到了，我问他还约了谁，他说："没别人，就咱俩。"他脸上的表情告诉我，遇到事了。

我们点好菜，一边吃，一边聊，用张三、李四作序，然后话锋一转，切入正题。

"我刚从上海回来，有一家公司主管让我到他手下做事。他们公司在业内很有名气，怎么跟你说呢，相当于 IBM 吧。"

我看看朋友，我们是从小学到中学的同学，到了大学就分开了，我学化学，但不喜欢做实验，他学机械，却动不动跑到我们的实验室。我怀疑我们都入错了行。果然，毕业后不久，我们都各自离开了本行当。

"你知道，以前也有过这样的机会，但我都没动心。我从机械总公司离职，创业办自己的公司，为此吃尽苦头，但我不是一

159

个轻易认输的人，我相信所有的付出终有回报。可是已经5年了，我还是在生存线上挣扎，整天为房租、电话、人员、开销这些琐事操心，为合同、订单绞尽脑汁，辛辛苦苦赚的钱转眼又支出去了。就这么整天忙忙碌碌，四处奔波，不知道离成功还有多远。"

我们慢慢地喝着酒，电视里在播"下岗"的节目。对遭遇下岗的人来说，能谋到一份养家糊口的工作就备感知足了，而我们却在纠结该不该接受月薪一千美元的岗位。

我拿起酒杯，晃动了几下，"你知道，有机化学实验，每次反应组份相同但得到的生成物却不相同，生成物不仅取决于反应物，还取决于反应时的状态，如温度、气压、搅拌速率等。人生进程就像有机化学反应，总是处于一种不确定状态，我们唯一能确定的就是：付出不一定有结果，但不付出就一定没有结果。"

停顿片刻，我看着他，问："如果坚持自己做，可能会有什么结果？"

他想都没想，"两种结果，成功或失败。"

"成功和失败的可能性各占多少？"

"我不知道。"

"那就是各占50%。"我又问："去那家公司，可能会有什么结果？"

朋友想了想，"过一种稳定而庸常的生活。"

"你甘心为了100%的庸常生活而放弃50%的成功机会吗？"

朋友沉默不语。我安慰他，"别急着做决定，你回去后一个人好好想想，把两种选择可能带来的好处和坏处列个清单。"说完，看看表，快10点半了。我们起身离开，赶回家看电影频道的佳片欣赏，今晚播放的是《居里夫人》。

我是学化学的，当我看到居里夫人在她的"实验室"搬成袋子的沥青矿渣，倒在一口大铁锅里，用粗棍子搅拌，我真是吃惊不小。因为那根本不是我记忆中的实验室。由于居里夫人只是理论上推测但无法证明新元素镭，因而巴黎大学董事会拒绝为她提供所需要的实验室、实验设备和助理员，她只能在一个无人使用的四面透风漏雨的旧棚子里进行实验。

她工作了4年，最初两年做的是粗笨的化工厂活儿，不断地溶解分离，最后从中分离镭。经过一千多个日夜的辛苦工作，8吨小山一样的矿渣最后只剩下小器皿中的一点儿液体，再过一会儿将结晶成一小块晶体，那就是新元素镭。当她满怀希望抑制住激动朝那只小玻璃器皿看时，她看到4年的汗水和8吨的沥青矿渣提纯的成果只是一团污迹！我想她一定会很绝望，很生气，气得跳起来，把小器皿连同里面的那团污迹摔得粉碎！假如换了我，我就会那样做。但是居里夫人没有，幸亏没有。

居里夫人疲倦地回到家。夜里，她躺在床上，还在想着那团污迹，想找出失败的原因。"如果我知道为什么失败，就不会对失败太在意了。为什么只是一团污迹而不是一小块白色或无色晶体呢？那才是我们想要的镭。"

居里夫人像是对自己又像是对居里说，突然，她眼睛一亮：也许镭就是那样，不像预测的是一团晶体。他们起身跑到实验室，还没等开门，居里夫人就从门缝里看到了她伟大的"发现"：器皿里那团不起眼的污迹，此时在黑夜中发出耀眼的光芒。这就是镭——一种具有极强放射性的元素。

就在那一刻，我突然明白了为什么我们许多人与成功失之交臂——当我们两只眼睛都盯住成功的招牌时，无法保留一只眼睛注视自己，反省自己，又怎么可能去理会那一团不起眼的污迹呢？

精彩
—赏析——

　　作者通过与朋友的交谈引出文章主旨：付出不一定有结果，但不付出就一定没有结果。之后作者又列举了居里夫人发现镭的例子，"4年的汗水和8吨的沥青矿渣提纯的成果只是一团污迹"，但成功正是出自这团污迹。就像一句俗语所说的：失败是成功之母。失败是经过努力后得到的结果，只是结果不尽如人意，我们应该"保留一只眼睛注视自己，反省自己"，对失败加以分析思考，下次再做时把不利因素改进为有利因素，直至收获最后的成功。

_____

收集快乐

人生难免有不如意的事，人如果能从悲哀中大方地走出来，以快乐的姿态拥抱未来，就是生活的强者。

她原本就性格内向、不爱言语，又经历了一场不幸的婚姻，更变得寡言少语、悲观忧郁了。离婚后，一个人带着女儿，生活的不易、感情的创伤，使她脸上总是布满愁容，每晚泪湿枕巾。

有一天，女儿放学到她单位去，同事看到她，无意中说："你女儿真像你，神情、举止都像，像你一样不爱说话，不爱笑，好像你的复制品。"

她听了，吓了一跳。看着女儿，发现自己的性格传染给了她。原本活泼、开朗的女儿，变得越来越像她，不爱言语，不苟言笑，脸上挂着和她这个年龄不相称的愁容。这一切，都是从她离婚开始的。

"难道，我就这样生活下去？我还不到40岁，女儿才10岁，我们就这样没有欢笑，没有快乐，每天在忧愁和悲伤中度日吗？"她问自己。

"不行，我要让自己快乐起来，要让女儿也快乐起来！"她对自己说。

可是，怎么快乐呢？一连几天，她都在想如何制造快乐，却没有想出来。

那天，快下班的时候，同事给了她一盘《逗逗先生》，说是买重了，多买了一盘，送给她。晚上，她和女儿守在电视机前，看VCD。两个人被屏幕上那位滑稽可笑的"逗逗先生"逗得哈哈笑，房间里充满了笑声。她望着女儿的笑脸，原来快乐是如此简单。

于是，她和女儿约定，两人每天轮流讲一个笑话，把对方逗笑。

第二天起，她和女儿开始收集笑话。她去书店买讲笑话的书，从电视里节目中看笑话，从广播电台听笑话，从网上找笑话，还从同事、亲友们那儿收集许多笑话，每天给女儿讲。女儿也同样从学校、同学和书本中收集了许多笑话，每天讲给她听。她们总是被对方的笑话逗得哈哈笑，自己也开心地笑。

家，还是以前那个蜗居，母女，还是以前那对母女，但因为每天加进一个笑话，生活不再像以前那样沉闷悲伤，而是充满了欢乐。

不仅如此，母女俩的性格也变了，变得活泼、开朗、乐观起来。她们不再封闭自己，喜欢和人接触，交了许多朋友。母女俩还尝试写作，不久就有作品发表，成了这座城市小有名气的母女作家。

精彩 赏析

主人公经历了婚姻的失败，从此悲观抑郁，生活中不再有笑声。忧愁和悲伤会传递给身边的人，连她的女儿也开始和她一样不苟言笑。是一个个笑话拯救了她们的人生，此后，她们学会了乐观。乐观的心态能让人重新振作起来，冲破人生的藩篱。在我们的学习生活中也总会遇到阴霾，这时我们不妨让自己的思维转个弯，不要一直处于垂头丧气的境地，去寻找身边细小的美好。船到桥头自然直，路的尽头依然有路，收集快乐，笑对生活，驱散心头的浓雾，坚定地走过一个又一个鸟声如洗的清晨。

分苹果的故事

❀ 心灵寄语

> 儿童如同璞玉，只有在精心雕琢之下才能绽放出最华美的光彩。一个儿童在成长之初，如同一张白纸，父母给予什么样的教育，孩子就会成为什么样的人。

一个人最早受到的教育来自家庭，来自母亲对孩子的教育。美国一位著名心理学家为了研究母亲对人一生的影响，在全美选出 50 位成功人士，他们都在各自领域获得卓越的成就，同时又选出 50 位有犯罪记录的人，分别去信给他们，请他们谈谈母亲对他们的影响。有两封回信给他的印象最深。一封来自白宫一位著名人士，一封来自监狱一位服刑的犯人。他们谈的都是同一件事：小时候母亲给他们分苹果。

那位来自监狱的犯人在信中这样写道："小时候，有一天妈妈拿来几个苹果，红红绿绿，大小各不同。我一眼就看见中间那个又红又大的，十分喜欢，非常想要。这时，妈妈把苹果放在桌上，问我和弟弟：'你们想要哪个？'我刚想说要最大最红的那个，这时弟弟抢先说出口。妈妈听了，瞪他一眼，责备他说：'好孩子要学会把好东西让给别人，不能总想着自己。'

"于是，我灵机一动，改口说：'妈妈，我想要那个最小的，把大的留给弟弟吧。'

"妈妈听了，非常高兴，在我脸颊亲了一下，把那个又红又大的苹果奖励给我。我得到了想要的东西，从此，我学会了说谎。以后，我又学会打架、偷、抢，为了得到想要得到的东西，我不择手段。直到现在，我被送进监狱。"

那位来自白宫的著名人士是这样写的："小时候，有一天妈妈拿来几个苹果，红红绿绿，大小各不同。我和弟弟们都争着要大的，妈妈把那个最大最红的苹果举在手中，对我们说：'这个苹果最大最红最好吃，谁都想要得到它。很好，现在，让我们来做个比赛，我把门前的草坪分成三块，你们三人一人一块，负责修剪好。谁干得最快最好，谁就有权得到它！'

"我们三人比赛除草，结果，我赢得了那个最大的苹果。

"我非常感谢母亲，她让我明白一个简单而重要的道理：要想得到最好的，就必须努力争第一。她一直都是这样教育我们，也一直是这样做的。在我们家里，你想要什么好东西都要通过比赛赢得，这很公平，你想要什么，想要多少，就必须为此付出相应的努力和代价！"

推动摇篮的手，就是推动世界的手。母亲是孩子的第一任教师，你可以教他说第一句谎言，也可以教他做一个诚实的永远努力争第一的人。

精彩
——**赏**析——

　　父母是孩子的第一任老师，他们的言行举止时刻影响着孩子，孩子的习惯、性格等很多方面，都是父母的一种延续。本文主要论述家庭教育的重要性，花费大量篇幅讲了两个分苹果的故事，错误的分法是让孩子通过察言观色和虚与委蛇获得好的苹果，而正确的做法则是引导孩子为获得自己想要的东西付出努力。父母的教育潜移默化地影响着孩子的人生观和价值观，正如文章最后所写，"你可以教他说第一句谎言，也可以教他做一个诚实的永远努力争第一的人"。

男人的贞洁

"人无信，则无立。"一个人可以没有聪明才智，但要信守诺言；一个人可以没有卓越的成就，但不可以有损害诚信的行为。诚信是人格的基础和精髓。

国庆长假，和家人外出旅行。回来第二天，我正在家睡懒觉，突然响起的电话把我惊醒。

"你好，还记得吧，我们之间有个约定。"

那低沉温厚、熟悉又有几分陌生的声音，一下把我拉回到 4 年前。

那时我还在报社工作，在一次采访中认识了他——20 世纪 80 年代风云人物，一手策划并掀起中国钢琴热，而后进入地产界，成为行业领军人。做记者多年，采访过不少名人、企业家，他给我的印象最深，博古通今，思想深邃且不张扬。我非常敬重他，每隔一段时间，就去拜访他，每次都让我受益匪浅。我想深入采访，以他为原型创作小说。可他突然告诉我，要移居美国。我怀着异常惋惜的心情，约他一起吃饭，为他送行。

像往常一样，我们谈文学、音乐和哲学。在谈话快结束时，他问我，将来有什么打算。我说打算写小说。

他略微思索了一下，点头道："好啊。"

我半认真半玩笑地说："好什么啊？本来我想静下心来，跟踪采访你，积累素材，将来写小说。可你却要走了。"

他听了，宽厚地笑笑："知道吗，你是第三个对我说这话的人。"

我曾听说，有两位作家想写他，都被他拒绝了。我自嘲地笑道："显然，我是第三个被拒绝的人了。"

他平静地看看我，声音低沉而有力地说："不，我准备接受。"

我不无惊讶地抬起头，注视着他，"为什么？我默默无闻，他们名气都比我大。"

"但他们时机不对。"

"可是——"我犹豫了一下，"我现在功力不足，文笔欠缺，恐怕难以担当此任。"

"没关系，我可以等。给你 4 年时间，这期间我在国外旅行，你在国内磨砺文笔。"

现在，4 年过去了，没想到他真的回来了。

"你真守约。"我由衷地说。

"我从不轻易承诺，一旦承诺，就一定守诺。"他稍稍停顿一下，说："我认为，这是男人的贞洁。"

就在那一瞬间，我几乎爱上了他。

生活在这个自由开放、变幻莫测的信息时代，几乎每天都会遇到一些人，说一些过后就会忘掉的话。虽然我们彼此有约定，但其实我并没有十分放心上。毕竟，4 年的时间太长了，谁知道会发生什么事？原以为他也这样想，没想到他如此认真，信守承诺。我十分感动。感动之余，是深深的自责和羞愧。

这么多年，我对家人和朋友，有过多少次食言，恐怕连自己也记不清了。最初有一点内疚，时间长了，便成习惯。语言成了消费，娱乐自己，愉悦他人。其实这样不仅伤害别人，更是伤害自己。作为思维的载体，语言和身体一样，需要小心呵护，认真对待，要时时检点自己，说出的话是否出于诚意，能否付诸行动。因为你是它的主人，要为它负责。这不仅是男人的贞洁，也是做人的贞洁啊！

精彩
—— 赏析 ——

　　古人云："君子一言，驷马难追。"文中这位企业家言出必行，他在 4 年前接受了作者的请求，4 年后专门回来履行诺言，这种一诺千金的优秀品质也是他能取得成功的重要原因。文章前一部分叙述，后一部分议论，结构严谨，逻辑清晰，从正反两个方面论述了遵守承诺对人生的重要意义。人的语言是思维的载体，也代表着人的性情和品质，需要我们认真地对待它。我们一旦许下承诺，就要忠实地履行，生活是由点点滴滴的小事构成的，一诺千金就体现在一点一滴的小事之中。

爱我就请搭火车

💮 **心灵寄语**

> 爱是一种付出，为所爱的人付出也是一件幸福的事。

1998 年，法国导演帕特里斯·夏侯执导了令人瞩目的《爱我就请搭火车》，影片取材于他和朋友的亲身经历，片名是朋友的原话——住在巴黎的他，想死后埋在小城利摩日，距巴黎有 4 个半小时的车程。如果那样的话，亲朋好友要长途跋涉去参加他的葬礼，这对一向慵懒、散漫、喜欢享乐的巴黎人无疑是道难题。当别人对此表示质疑时，那位朋友便说"爱我就请搭火车"。

我喜欢这部电影，也喜欢这个给导演以灵感、给观众以遐思的片名，也许只有法国人才有这样的想法，看似荒诞，实则蕴含着对生命、爱与死亡的深刻理解。人们常说，距离产生美，但距离却是爱的杀手，许多看似坚定的爱，却最终抵挡不了距离的阻隔。所以人们大多选择最近的爱。想一想身边的人，他们有多爱你？如果有一天当你辞别人世，他们会抛开手头忙碌之事，甘愿乘 4 个半小时的火车，去参加你的葬礼——给你这个生命的最后礼物，而明知你已无法回报？

电影让我想起一位偶然认识的老人。那是 5 年前，我刚刚辞去工作，开始专职写作。距我住所 500 米的地方，有一个公园，公园后面的山上，是一片墓地。每天写作前，我去公园散步，有时兴致所至，也会攀到山顶，遥望那片墓地。除了清明节，那里很少有人。

有一天，我看见一位老人在墓地里拔草，出于好奇，便走过去，穿过那些墓碑时，心里多少有些害怕。老人抬头看见我，笑着冲我打招呼，原来他是守墓人。

我和他攀谈起来。他不是本地人，以前种地为生，老伴去世后，他来到这里，负责看守这片墓地。

"她不在这儿。"老人指着墓地，仿佛在回忆什么，"我把她埋在我们家乡了。"

他不说我也能猜到。这是唯一一个位于市区的墓园，环境素雅，价格不菲。他一个外乡人，根本买不起。其实他原来有些积蓄，为了给老伴治病，都花光了。人说久病床前无孝子，但他是位难得的好丈夫。老伴去世前，在病榻上躺了 5 年。刚诊断出病症时，在医院里住了一阵，因为家里底子空，病情稍好些就出院了。隔段时间他会去县城医院买药，带老伴去村里诊所注射。后来，老伴病情越来越重，行动不便，他就在自己身上练习，终于掌握了注射技术，他自己给老伴注射，这样既方便，又省钱。本来家里就没多少积蓄，他省了又省，也没撑多久，只好卖掉房子，又向亲戚、乡亲借钱。最终还是没能挽留住她的生命，老伴撇下他一个人走了，带着幸福和愧疚，留下悲伤和债务。

料理完后事，他只身一人，来到滨城，打工还债。

"我已经 3 年没回去了，她坟前的草说不定有几尺高了。"老人操着浓重的方言说，一边移动着那双枯瘦的手，把墓碑前的杂草拔去。可能蹲的时间太长，腿有些麻，他索性坐到地上，用手捶打着膝盖。

"等还完债，我就回去。我估摸着，再有一年半，就够了。"老人说道，冲我笑了笑，一张布满皱纹的脸像干裂的土地。

我犹疑了一下，问："老家的人，知道你在这儿守墓吗？"

"以前不知道，前一阵不知听谁说了，捎信让我回去，还说剩下的钱不用还了。那怎么行？庄稼人赚点儿钱不容易，我只要有口气能动弹，就一定把债还清。"老人神色坚定地说。

他佝偻着身子，两只手麻利地把杂草拔去。我真想帮帮他，但我知道，他不会接受我的钱。所以每过一段时间，就买些水果、点心给他。他是不会舍得花钱买这些的。

我们的交往断断续续，持续一年，后来我买了新居，忙着装修、搬家，就顾不上了。等新家安顿好，我开始写长篇小说，偶尔也会想起他，但两地相距较远，一直没再去看他。随着时间流逝，我渐渐把他忘了。

现在，5 年过去了。如果不是这部法国电影让我想到他，可能就这样彻底把他忘了。他是一位来自中国北方的普通农民，和那位大名鼎鼎的法国导演没有丝毫相似之处。唯一有关联的是：从他的家乡到我们这座城市，需要乘 4 个半小时火车。但他乘火车来这里，不是为了参加亲友葬礼，而是为偿还老伴治病欠下的债务。他乘火车来这里，不只是停留一日，而是做了 4 年半守墓人。

我不知道，他现在是否一切安好，但我知道，他一定已还清债务，可以常去看望老伴，清除她墓碑前的杂草。

精彩 赏析

文章由一部电影引出守墓老人的故事，电影中主人公死后亲朋好友要坐 4 个半小时的火车去参加葬礼，在现实生活中，守墓老人安葬妻子后外出打工还债，离家乡也有 4 个半小时的车程。距离是廉价之爱的杀手，也检验着爱的"含金量"。文章的题目"爱我就请搭火车"是指如果爱一个人就需要为他付出，要是连 4 个半小时的时间都不愿意花费，那么这份爱或者怀念是虚假的。从守墓老人的话语中，我们可以看出他义无反顾的付出，他对妻子的真挚的爱让人动容。

哈利·波特与你无关

> 就像世界上没有两片相同的雪花，每个人的成长环境和阅历各不相同，所以你模仿不来别人的成功。与其唯"成功人士"马首是瞻，不如拓宽视野，探索出一条属于自己的路。

　　与出版社洽谈一部长篇小说，我按约定时间去，在走廊与编辑碰个对面。他正指挥两位民工往外搬东西，足有十几捆，都是废弃不用的书稿。我站在旁边看，心中涌起一种说不清的滋味。同为作者，我深知创作这些书稿的艰辛，一部20万字的长篇小说，从构思到成文，最快也要一两年时间。如果书稿主人看到自己辛苦创作的结晶，就这样被当作废品扔掉，不知该作何感想？

　　也许是经历得多，编辑并不在意，他一边整理办公桌，一边对我道："早就想清理一下，堆在这儿怪碍事的。"

　　"这么多书稿，现在小说市场不景气，还有这么多作者投稿？"

　　编辑苦笑道："那是以前，这几年市场又回升了。我们编辑部每天都接到来稿，真有些应付不过来。"

　　"那还不好，稿子多，选择余地大，你们可以多出佳作、精品啊。"我微笑道。

　　"可问题是，来稿虽然多，但好稿少。大部分都是跟风之作，故事老套，毫无新意。不说别的，就说《哈利·波特》，前几年刚走红那会儿，我们几乎天天收到大量模仿之作，都是写魔法石、火焰杯之类的。这两年少些了，每月还能接好几部。不瞒你说，我现在一看这类题材就头晕，翻几页没什么新东西，就丢在一边。刚才那些废弃书稿，多半都是这类。作家应该写自己熟悉、打动自己的东西，哈利·波特和你有什么关系？那是 J.K. 罗琳的孩子，你凭空拿来，让读者埋单，那能成吗？别把读者当傻瓜！"

编辑感慨一番，然后转入正题，谈我的书稿。他告诉我，小说已通过终审，商战题材作品不多，精品更少，我的小说取材真实，曲折感人，社里决定把它作为今年重点书目推，给出的条件也很优厚。我有些喜出望外，签完合同，一路哼着歌往回走。

回到家，心情平息下来，想到编辑说的话，不禁有几分后怕。两年前，我构思这部小说时，和朋友聊过，他劝阻我，说商人会对商战题材感兴趣，但他们忙着赚钱，根本没时间读小说。他建议我写一部中国的《哈利·波特》，很多生意人都是模仿欧美，图书市场也一样，如果模仿 J.K. 罗琳，写一部中国版《哈利·波特》，肯会畅销。

说实话，我当时也有点儿动心。身为作家，我不羡慕比尔·盖茨，但对因《哈利·波特》一夜成名、跻身富豪行列的 J.K. 罗琳，不可能没有想法。我买了全套《哈利·波特》，查阅 J.K. 罗琳的相关资料，认真拜读、研究之后，我决定放弃。

J.K. 罗琳从小就喜欢幻想，对童话故事着迷，长大后，依然保持儿时的爱好，后来她做了妈妈，每晚都给孩子讲自己编的故事。1990 年新年前夜，罗琳的母亲不幸离世，25 岁的她感到孤独无助，陷入无以名状的悲伤。愤怒出诗人，悲伤出作家。她想写一个孤儿的故事，但只是模糊的想法，没有情节，没有人物。

有一天，J.K. 罗琳从曼彻斯特乘火车前往伦敦，从车窗看见一个戴眼镜的小男孩，这激发了她的灵感，开始构思哈利·波特的故事。但直到 1997 年，《哈利·波特与密室》才问世。罗琳用了 7 年时间埋头创作，尽管她当时经济拮据，还是一遍一遍地修改，直到自己满意为止。罗琳从来没想过，哈利·波特会带来如此大的名声，如此多的财富，她是真心爱哈利·波特，抑制不住创作冲动，让这个善良、正直、勇敢的小男孩跃然纸上，让更多的人来分享。

正如那位编辑所说，哈利·波特是 J.K. 罗琳的孩子，不是我的，也不是你的，只有 J.K. 罗琳这位母亲，才能让他诞生。

其实，每个人都有自己的哈利·波特，只要用心寻找，孕育，创造……

精彩 赏析

当《哈利·波特》风靡全球，无数人便想以取巧的方式复制 J.K. 罗琳的成功，殊不知她有着自己独特的经历，她对幻想与故事有独特的理解，所以这群模仿者必然失败。作者是比较清醒的，身为作家，她没有模仿别人，而是潜心创造自己的"孩子"。齐白石说："学我者生，似我者死。"独特的东西才是可贵的，而复制品就像工业生产线上的产品一样没有价值。人生没有捷径，一切都需要我们自己去耕耘，相较于那些成功者的经验，我们自己走过的路更能教会我们道理。

迟到的公正

🌸 **心灵寄语**

迟到的公正算不得公正，它只是对受害者的一种慰藉。但犯罪应该受到惩罚，公正永远是人们追寻的目标。

完成一天的工作，已是深夜，他拖着疲惫的身子回家。妻子和 3 个孩子还没睡，守在灯下等他归来。

他把车停好，拿起放在车座上的 T 恤衫，朝亮着灯光的窗子看了一眼，向家中走去。突然，一声枪响划破寂静的夜空，他的身体剧烈震动了一下，重重摔倒在地，搭在手臂上的 T 恤衫掉到地上。他挣扎着向家门口爬去，手中捏着家门的钥匙，身后留下一道血泊之路⋯⋯

听到枪声的妻子和孩子跑出来，被眼前情景惊呆了。3 个孩子围在父亲身旁，连声呼唤："爸爸，爸爸，起来呀！"可是爸爸再也不能起来了，那颗罪恶的子弹夺去他年仅 37 岁的生命⋯⋯

这不是小说或电影里的情节，这是 1963 年 6 月 12 日发生在美国密西西比州的一起谋杀。被害人梅迪加·埃维斯是美国民权运动的重要领导人，他和黑人领袖马丁·路德·金一样，致力于消除种族隔离，建立一个黑人与白人平等相处、没有偏见的和谐社会。

凶手是一个叫拜伦·迪·拉·贝克维热的男性白人，一个狂热的种族隔离分子。有多名证人看见他的车停在埃维斯家附近，警察在附近树丛找到一支来复枪，上面有他的指纹。罪证确凿，这是一个没什么悬念的案件，审判结果应该不言而明。但事实并非如此。20世纪60年代的美国南方，种族歧视相当严重，从未有过白人因枪杀黑人被送上绞刑架的事情。案件的关键不是谋杀罪名成不成立的问题，而是一个白人杀了一个"黑鬼"，究竟算不算犯罪。

案发后8个月，对贝克维热的审判正式开始，由12名男性白人组成陪审团，经过11天的审判，12名陪审员中有一半认为谋杀罪名不成立，一半认为被告有罪。由于陪审团裁决不能达成一致，无法对贝克维热定罪。审判结束，他回到了格林伍德的家。

第二次审判，依然是12名男性白人做陪审员。尽管检控方做了最大努力，尽管有大量充分的证据，证明被告杀害了埃维斯，但结果依然与第一次审判一样，陪审员意见不一无法做出一致裁决。贝克维热又一次回到家中。

虽然还可以再次起诉，再次审判，但在地方检察官看来，找不到什么办法比现在做得更好。再次审判，也不会得到不同结果，还要花费大量人力物力。于是，这个案件被搁置起来。

随着时间的流逝，贝克维热枪杀埃维斯一案引起的震惊渐渐平息，公众不再关注，媒体不再报道，造成的创伤和愤怒已经成为过去——埃维斯的家人除外。对于埃维斯的妻子梅尔莉来说，暗杀好像发生在昨天，只要一闭上眼睛，就会看见丈夫倒在地上，鲜血如注，呼吸微弱，眼睁睁看着死神把他夺走。这惨痛的一幕已定格在她的记忆中。只要凶手还没有被绳之以法，只要正义还没有得到伸张，她就永远不会——也不敢忘记！她一次次奔走，无数次敲开地方检察官办公室的门，但都因为没有新的证据，搁置时间太久，而无法重新审判。

时间进入20世纪90年代，距暗杀发生相隔整整四分之一世纪。

梅尔莉一如既往，四处奔走，为丈夫的案子寻求公正审判的机会。

朋友、邻居劝她放弃："已经过了这么久，当年的刺客现在已是 70 岁老人，就算把他送上审判席，又有多少希望获胜？"

梅尔莉反问道："如果被害的是你的家人，你还会这么说吗？"

梅尔莉多年的坚持和不懈努力没有付之东流，1994 年 1 月 25 日——距谋杀发生已经相隔 31 年，迪·拉·贝克维热第三次被送上审判席。经过 10 天的审判和 5 个小时的商议，陪审团做出一致裁决——被告拜伦·迪·拉·贝克维热谋杀罪名成立。

这一次，他再也不能回家了。这是他为 31 年前犯下的罪行付出的代价。

精彩
—赏析—

种族歧视一直是存在于美国社会的顽疾，在 20 世纪更是如此，这样我们就不难理解为什么文中的白人谋杀了黑人，却无法被定罪。埃维斯的妻子梅尔莉看着丈夫惨死，时间的流逝带不走她的悲伤和愤怒，她为此辛苦奔走 31 年，终于让凶手付出了代价。在被梅尔莉的执着打动的同时我们不禁要思考，迟到的正义是否还能算作正义？我们相信正义像圆圈一样，是客观存在的，但是人永远画不出一个完美的圆，正义不应缺席，也不应迟到，迟到的正义是有瑕疵的正义。

三毛和她的撒哈拉

🌸 心灵寄语

> 如果有来生，要做一棵树，站成永恒。没有悲欢的姿势，一半在尘土里安详，一半在风里飞扬，一半洒落荫凉，一半沐浴阳光。非常沉默，非常骄傲。从不依靠，从不寻找。
>
> ——三毛

记得有人说过，选书不如撞书。以前觉得很平常的一句话，现在仔细想想，话中透着禅意。的确，读书和遇人一样，也是讲究机缘的。在我成长的 20 世纪 70 年代，书籍从数量到内容都不像现在这样丰富，除了课本，能找到的课外读物实在有限，所以只好"撞"到什么看什么。到了 80 年代，情况好些了，不仅大陆的书越出越多，港台的书也开始陆续引进。也因此，我有幸"撞"到《撒哈拉的故事》，有缘"邂逅"台湾作家三毛，那一年我刚好 17 岁，正处在人生的十字路口。可以毫不夸张地说，三毛的这本书，就像竖立在路口的指示牌，改变了我人生的方向。

那时我刚升入高二，面临着高考的压力。也许是为了解压吧，在繁重的学业中放松一下紧绷的神经，有时会忙中偷闲找课外书来看。刚好一位暑假去北京探亲的同学带回两本书，一本是琼瑶的《窗外》，一本是三毛的《撒哈拉的故事》，据他说当时在北京青年学生中风行一时。所以可想而知，这两本书在我们同学中很抢手，都想先睹为快。

我本来想看《窗外》，因为书名很诗意，并且是写爱情的，而撒哈拉这名字我都没听说过。但不巧的是，《窗外》被另一位同学捷足先登，我只抢来这本《撒哈拉的故事》。因为还有别的同学排队等，我答应第二天肯定还。放学后回到家里，吃了母亲准备好的晚饭，便以做功课为名把自己关进房里，埋头看《撒哈拉的故事》。本想看会儿就做功课，不料却一头扎了进去，一直看到深夜，母亲几次来催我睡觉，我关了灯，躲在被子里打手电筒继续看。书中的故事实在是太动人了，让我欲罢不能！

三毛在西班牙留学时，一次在《美国国家地理》杂志上，看到一篇介绍撒哈拉沙漠的文章，立刻被吸引了，仿佛勾起前世的乡愁，她决定去沙漠生活一年。她的朋友都觉得不可思议，以为她在说疯话，因为荒凉单调、气候恶劣的沙漠并不适合生活，何况她一个单身女人？但是有一个男人，默默收拾好行李，去沙漠里的磷矿找了份工作，等着她去沙漠时照顾她。这个人就是荷西，一个比三毛小8岁、热爱大海和潜水的西班牙青年。三毛起初把他当成弟弟，当她知道，他愿意为自己去沙漠里受苦时，就决定今生与他浪迹天涯了！

撒哈拉并不是怡人的风景区，荷西也不是多金的"富二代"，他们的生活一点都不"罗曼蒂克"，相反，处处充满艰辛。撒哈拉远离文明，与世隔绝，贫瘠落后，气候多变——白天酷热，夜晚寒冷，物质贫乏，连日常生活的水也十分珍贵。当地人没有洗澡的习惯，用布包裹的身体散发着浓浓的体臭。大部分居民甚至不知道自己的年龄，更不要说文化知识……如此恶劣的环境，人不发疯才怪！但是三毛却沉醉其中，被那广袤的自然、绚丽的风光深深吸引，怀着一颗充满童真的心，捕捉沙漠生活之美，挥洒妙笔，写就《撒哈拉的故事》。

书中 12 个故事，篇篇精彩，妙趣横生，充溢着浪漫、浓厚的异域情调，流淌着大漠独有的风俗、风土、风情。开篇《沙漠中的饭店》，便让我忍俊不禁。沙漠食物稀缺，三毛母亲从台湾寄来粉丝，荷西没见过，问："这是尼龙吗？"三毛信口开河，答："是雨。"荷西信以为真，以后便常嚷着要吃"雨"。

另一篇《悬壶济世》，则让我大开眼界。因沙漠中缺医少药，三毛不忍邻居为病痛折磨，好心地送些红药水、感冒药之类的常用药。日子久了，邻居们便都来找她看病，甚至连生孩子这样的大事也来找她，理由很荒谬，因为医生都是男的。幸亏那天荷西在家拦阻，劝说产妇老公把她送到医院，才没有酿成大错。自此荷西禁止三毛"行医"，三毛答应，可邻居们不答应，依然来找这位江湖医生。一次，邻居的牙被磕了，三毛异想天开，竟然用指甲油补牙，而且奇迹般地给补好了！

最让我感动的是《结婚记》和《白手起家》。你能想象吗？荷西送给三毛的结婚礼物，是他徒步穿越沙漠找到的骆驼头骨，三毛喜欢得不得了，宝贝似的捧在手里，好像捧着钻石。结婚当日，三毛穿了件旧长裙，带了一顶帽子，没有鲜花，就去厨房抓了几棵香菜，随手插在帽檐。结婚后他们住在一间租来的空房子，不习惯像当地人那样睡在地上，又买不起家具，就自己动手。木料是人家丢掉不用、原本用来包装运输棺材的。可他们并不介意，反而兴味盎然，他们因此有了床、书桌，还有沙发——那是从垃圾场拣来的废轮胎改造的，还散发着淡淡的胶皮味，但是坐在上面，感觉像君王……

现在你明白了吧，我为什么会躲在被子里打着手电筒读这本书，几乎是一口气读完的，彼时天已大亮，我却睡意全无，内心涌起一阵冲动，想去撒哈拉沙漠的冲动。虽然没有路费，不知如何成行，但我的心早已飞向那遥远的撒哈拉，陶醉在那诱人的无与伦比的沙漠风光中！

母亲催我起床的声音，打断了我的思绪，把我带回现实。可是我不想起床，不想去学校，因为我不想这么快还书，还想再读一遍。我决定装病逃学。因为之前我一直是听话的乖孩子，就是感冒生病也不缺课，所以我一开口，父母便信以为真，为我写请假条，让住在附近的同学捎给老师。

这是我平生第一次逃学。我拥有了一整天的时间，得以仔细重读《撒哈拉的故事》，一边读一边思考自己的未来。在此之前我从未认真思考过。《撒哈拉的故事》就像一扇窗，让我看到外面的世界，一个更精彩的世界。我想去外面的世界看看，为此不惜离开家乡。当时只有两种方式可以离开：男孩子可以当兵，女孩子只能考大学。

第二天，我"病"愈去上学，把《撒哈拉的故事》还给同学。同学并未责怪我迟还一天，还好心地问我要不要《窗外》，我当即回绝了。我要把全部时间和精力用在学习上，分秒必争，不能分心。我比以前加倍用功。以前用功是为了取得好成绩，博得父母的夸赞、老师的表扬和同学的羡慕，而现在用功只有一个目的——考大学！我不知道，如果当初读的是琼瑶的《窗外》，我的人生会不会是另外一种。但人生没有如果，所以这个问题无解。

在我走出考场、等待大学录取通知书的日子里，我把能找到的三毛的书都读了，对这个万水千山走遍、数尽梦里花落的女人，亦有了更深的了解。其实我和三毛性格、经历十分不同，三毛自幼喜欢琴棋书画、诗词歌赋，而对数理化却不开窍，又不幸遇到专横严厉的数学老师，竟然用脸上泼墨、当众罚站的方式来惩罚她！三毛因此一度厌学并想自杀。幸亏她的父母博学开明，让她休学在家，采取自学、家长教育、聘请家教的"混搭"教育模式，她的文学天赋得以充分发展，也养成自由不羁、特立独行的处世方式，所以才会因为一本地理杂志，而生出去沙漠的想法，去追随前世的乡愁，解开心灵的密码……

而我刚好相反，琴棋书画样样不通，数理化学得呱呱叫，尤其数学成绩优异，还当过课代表，深得老师喜爱。我们之间是如此不同，却因《撒哈拉的故事》而相遇。我很庆幸，在 17 岁的年纪与她相遇，可谓正当其时，不早也不晚。如果再早一点，说不定会像她一样叛逆：弃学去远方流浪，命运可能动荡不安；如果再晚一点，她的影响便不会这样深——开启我心中的一亩田，为我种下一个文学梦！

当我怀揣大学录取通知书，背着行囊踏上离别的站台，心中的滋味难以言表。一年前，我和父母在这里为哥哥送行；而今天，将要远行的是我。母亲不舍地望着我，眼里闪着泪光，语气有些伤感："好不容易把你们养大，一个个都走了。"

父亲倒很乐观，劝慰母亲说："4 年的时间很快，等她毕业就回来了。现在大学生这么珍贵，很多单位排队等着用人。市政府每年都去大学招人，到时候就把她招回来了。一个女孩子不要在外面闯，还是回家乡工作比较放心！"

我望着父母，望着他们身后的家乡，不知说什么好。他们此时还不知道，有一位叫三毛的作家，写了一本《撒哈拉的故事》，所以他们的女儿不会回来了！她要去远方流浪，要去看美丽的撒哈拉！虽然她从未见过它。但有什么关系呢？那是她梦里的故乡，艺术的殿堂……

精彩
——赏析——

本文以朴实细腻的语言叙述了作者与《撒哈拉的故事》的相遇，以及这本书给作者带来的影响。开篇一句"读书不如撞书"充满禅意，也预示着作者将会撞上影响自己一生的书。文中介绍了《撒哈拉的故事》的写作背景和书里令人印象深刻的文章，作者感叹着撒哈拉沙漠的绚丽风景，也憧憬着三毛与荷西的美好爱情，从此心中就种下了文学梦的种子，同时也有了去远方流浪的愿望。这些激励着作者用功读书，可以说，《撒哈拉的故事》改变了作者的一生。文章充分表现作者对三毛和《撒哈拉的故事》的喜爱，也让读者深刻体会到了文学和艺术的魅力。

大连，再不浪漫就老了

💠 心灵寄语

有时候浪漫就是勇敢出去闯荡，勇敢接受新事物，一座城是如此，一个人也是如此，只有像奔腾的河流一样充满活力，才会飞溅出美丽的水珠。

朋友来大连旅游，由衷地赞叹：大连太美了，满眼都是绿地、广场，欧式建筑随处可见，感觉好像到了国外！

这句感言，几乎成了范本。来大连旅游或出差的朋友，游完之后都会发出同感。不仅国内朋友，国外的友人也如此。他们这样评价大连：一座充满浪漫情调、具有欧式风格的花园城市。

欧式风格，已成大连的标志。而这一标志，是一百多年前的沙俄设计规划的。

一

1897年，三个对欧洲文化十分推崇的沙俄青年，怀揣着两位波兰人设计的城建图，来到辽东半岛最南端，想在这里建立一个以广场为中心、向四面八方辐射的港口城市，起名为"达里尼"，意思是"遥远的城市"，一个远离欧洲的"东方巴黎"。他们要把这里建成远东地区最大的自由港，一座具有西洋古典风格的花园城市，以实现沙俄对外扩张、掠夺财富的野心和梦想。可惜好梦不长。7 年后，日俄战争爆发，日本打败沙俄占领此地，随后开始了长达 40 年的殖民统治，并将这里改名为"大连"。

虽然沙俄统治时间只有 7 年，却给大连植入了西方文化的基因，成为城市的永久标志。他们在兴建港口、码头和交通的同时，也进行了初期的城市建设。他们吸收欧洲文艺复兴时期的先进思想和理念，以英国伦敦和法国巴黎为范本，在一片荒芜的土地上，建起一座具有欧式风格的花园城市。在这里看不到青砖绿瓦、飞檐斗拱的中国古典建筑，而代之以尖塔拱门、凝练简洁的西式建筑。城市布局也非老北京的棋盘式格局，而是以广场为中心、呈放射状的蛛网式道路。

1905 年，日本侵略者占领大连，他们虽然在战场上打败了沙俄，但对沙俄的城市规划和设计理念，却十分认可，采用拿来主义，保留欧式风格，对早期的广场进行修建和完善，又增建银行、旅馆、医院、办公楼等建筑，采用对称和向心布局，使其与周围的广场、道路遥相呼应，形成与外部空间和谐统一、优雅美观的欧式风格。

日本侵略者对大连犯下了无数罪行：他们狠毒地对旅顺屠城、贪婪地掠夺资源财富、残忍地雇佣廉价劳工……但客观上讲，他们对大连的城市建设亦有付出，继承并发展了原有的欧式风格，那些充满西方格调的哥特式、巴洛克式建筑几乎随处可见，如同到了伦敦、巴黎，而不是东京。这似乎有些不可思议，因为殖民者总是把自己国家的文化和生活方式带进来，而他们只把"日式风格"用在学校和民用生活区，在这里方能感受日本文化——樱花、榻榻米……

究其原因，可能是出于他们的实用主义吧。毕竟，继承和发展、比摧毁和重建一个城市，成本要低得多。他们要保存实力，以便完成对外侵略和扩张的野心。

但不管什么原因，欧式风格最终保留了下来，成为大连的城市标志。

二

1945 年，反法西斯战争获胜，大连结束了 47 年殖民地的屈辱历史。

对于这段历史，大连人的感情是复杂的。一方面，他们痛恨殖民者曾贪婪、残忍、无情地蹂躏这座城市，践踏中国人的尊严。但另一方面，客观地说，殖民者也带来了西方文明和异国文化，使得大连人较内陆城市更早地接触了先进的科学技术、教育以及生活方式。如今，殖民者的背影已远去，但他们在漫长岁月留下的痕迹却不是一夜之间能抹掉的。

大连人直面历史，表现出应有的理智态度，采取了极为开明的做法，完好地保留了那些欧式建筑、广场和绿地，并在此基础上加以扩建、增建，让城市的"欧式味道"更足。

20 世纪 90 年代，大连以其独特的发展姿态，在中国城市发展史上书写了绚丽的篇章。仅仅 10 年时间，大连便从一个以轻工业为主的中型城市，发展成让中国乃至世界瞩目的国际化大都市。

由于较早接触西方文化的缘故，大连人最先意识到城市环境美的重要。如同韩国明星们不惜重金为自己的脸蛋整容，从而引发"韩流"热；大连人也投入巨资为自己的城市整容，从而引发"绿流"热。如果用颜色来形容城市，大连是自然蓝、人工绿。蓝色的大海是上帝之手的杰作，而满城的绿地则是大连人绘制的作品。在经济高速发展的今天，城市中心地段可谓寸土寸金，但大连人却把黄金地段用来种植树木、草坪，兴建公园、广场。

大连的广场很多，大大小小有 70 多个，风格迥异，有的古朴，有的雅致，有的妩媚，有的雄浑……最耀眼的当属占地面积 110 万平方米的星海广场，这是大连人填海造地建成的，也是亚洲最大的城市广场。如此宏大的巨型广场，却并不给人以庄严、威风感，而是闲适、安逸、淡雅、凝练，这不正是古老欧洲的韵味吗？这才是真正的时尚，高贵的浪漫！

三

大连不仅城美，人也姿势。

"姿势"原本是指身姿架势，如姿势端正、姿势优美。而大连话"姿势"，是形容一个人不仅容貌漂亮，而且气质不凡，用现在的流行话说：有范儿。比如街上走来一位气质美女，大连人就会说："看人家长得真姿势。"

大连话极富特色，在我看来简直就是奇葩！你如果不在这儿生活十年八年，根本就搞不懂。有些是音译还好理解，比如大连人把衬衫叫"晚霞子"，这个词来自俄语，解释一遍就明白。但有些就让你一头雾水，字的读音和意思截然不同。记得我当年刚来时，听大连人说"你别让我坐蜡"，我琢磨半天没明白，难道是自制蜡烛吗？后来才知道，"坐蜡"是惹祸、受困窘的意思。

大连人常挂在嘴边的话还有：血（xie）彪（很傻）、干净（很棒，极好）、章程（本事，能耐）、上讲（讲究，有档次）。

哈哈，大连话有意思吧？我这只是说个皮毛，其实还有许多，足可以写本书，也确实有人著书立说，将大连话作为大连非物质文化遗产保留。不过作为方言，大连话的妙处在于口头语言"说"，而不是书面文字"写"，所以不管大连的作家、学者们有多大本事，也无法妙笔生花，要想体会其中的奥妙，最佳方式是借助于"有声读物"。大连市语言文字工作委员会已着手做这方面工作，通过市民报名、专家选拔的方式，选出发音人代表，把他们说的地道的大连话，通过录音、录像等方式收集起来，建立大连话有声数据库。感兴趣的读者，可以去百度搜大连话版《再别康桥》，大连话版《双节棍》听听，保你笑得喷饭！

不过在这里我说句得罪同乡的话：其实我一直不觉得大连话好听。大连话有几个特点：一是"土"，这源于早年居民多是从山东闯关东来大连，他们的山东话与大连本地语相融合，形成带有胶辽口音的"海蛎子"味；二是"逗"，这可能是受建市元老沙俄的殖民文化影响，风趣幽默，自娱自乐；三是"狠"，这是由于地处东北，后期移民多为彪悍的东北人，受其影响所致。比如大连人生气、愤怒时不说"我打你"，而是说成"我砸你"，话语掷地有声，透着一股狠劲儿。

和所有方言一样，大连话有其深厚的历史渊源，可谓"一口大连话，半部移民史"。但无论什么原因，具有鲜明"海蛎子"味的大连话，与这座时尚、浪漫的国际化都市很不相配。当然，这话我也只是现在离开大连来北京才敢说。大连人自豪感超强，容不得别人说不好，他们就觉得大连哪儿哪儿都好，大连话是世界上最优美的语言，连上"非诚勿扰"相亲都要说。我要是当着他们的面说半句不好，他们会不客气地给我一句："我砸你！"

四

大连以其时尚优美的城市环境、古典优雅的欧式建筑闻名，被定义为浪漫之都。但是在我看来，大连人并不浪漫。英国作家王尔德说："浪漫的精髓就在于它充满种种可能。"而在大连人眼里，最适宜的生活方式只有一种可能——生活在大连。

大连人恋乡情结重，不愿去外地打拼。我的好友阿毅就是，她在大连出生、长大，不像我是后移民来的，她大学毕业时分到外地工作，走时很不情愿，发誓一定要回来。果然几年后举家调回大连工作，从此固守乡土再也舍不得离开。

我也喜欢大连，毕竟这是我的第二故乡，但我的喜欢是分析型的，带着几分挑剔的眼光。不像阿毅是痴情型的，连缺点都爱。

我曾和几位外地来大连的朋友交流，分析总结大连人的特点有以下几点。

一是胆小、恋家。当然这是相对的，当年能从山东闯到大连，自然有一定的胆量。话说当年闯关东大军来到大连，兵分两路：胆小的感觉大连挺好，留下不走了；胆大的继续北上，一路闯到沈阳、长春、哈尔滨。这是早期第一波移民。20世纪80年代改革开放，中国迎来新的移民潮，来大连闯荡的以东北人居多，胆子比较小的，闯到大连就留下不走了。胆子大的，直奔北、上、广，甚至走出国门去欧、美、日了！

大连人另一特点是听话、顺从。这是近半个世纪殖民生活留下的性格基因。还有就是自大、自豪。这源于大连一百多年前建市之初就引进西方科技文化，20世纪80年代改革开放又率先进行城市建设，从而一跃成为国际化都市。生活在这样的城市，自豪感油然而生。

当然，这些特点不一定是缺点，因为从另一个方面，也可以说大连人安逸、从容、自信。这也不难理解，大连这么好，谁还出去闯啊！相反，倒是外地来落户的越来越多。但热情好客的大连人并不排外，而是以包容的姿态，与之和谐共处，分享同一片蓝天绿地、花园广场。

如此看来，大连人的生活质感倒很接近欧洲——安逸、享乐、恬静、从容，但古老的欧洲是经过漫长的发展、穿过岁月之河才走到今天；而大连建市才一百多年，百岁对一个人来说是长寿，但对一个城市来说，实在是太年轻了！年轻，意味着种种可能，意味着浪漫和梦想！而今日的大连，安逸有余，浪漫不足。虽然年轻一代已经不像父辈们那样眷恋故乡，愿意背起行囊去异国他乡。但相比闯关东的祖辈们，还远远不够，相比年轻时的欧洲，还远远不够！

大连，再不浪漫就老了！

精彩
——赏析——

　　文章开篇通过友人对大连的评价引出这座城市，接着对它的建立、发展、方言、人文这四个方面进行了全方位的介绍，语言明快生动，结构连贯清晰。欧式建筑风格是大连的标志，这种风格一直延续到了一百多年后的今天，古典与现代造就了大连的美丽。文章后两节主要讲大连有趣的方言和大连人的品性，方言令人忍俊不禁，大连人的生活则是恬静从容的。作者写到最后回归主题，希望年轻的大连能在安逸中焕发更大的活力与生机。

_____

1. 阅读《爱我就请搭火车》,回答下列问题。(13分)

(1)阅读文章第三、四段,作者是怎样认识老人的?从作者第一次见老人的场景中,可以看出老人怎样的品质?(4分)

_____

_____

(2)"我已经3年没回去了,她坟前的草说不定有几尺高了。"请问这句话体现出老人怎样的心理?(3分)

_____

_____

(3)老人的故事与文章开头所介绍的电影《爱我就请搭火车》中的故事有哪些相同之处?从老人身上我们可以学到哪些人生道理?(6分)

_____

_____

2. 阅读《大连,再不浪漫就老了》,回答下列问题。(14分)

(1)阅读文章第一、二自然段对大连历史的介绍,你认为大连为何会成为一个美丽的国际化大都市?建设这座城市的人都具备哪些品质?(6分)

_____

_____

_____

（2）阅读文章第三自然段，作者为什么要介绍大连的方言，其中体现着作者对大连人怎样的态度？（4分）

_____

_____

_____

（3）作者认为大连人不浪漫，请你谈谈作者定义的浪漫指的是什么？（4分）

_____

_____

_____

3.写作训练。（60分）

在人生的历程中，总会有一本书触动我们的心弦，改变我们的观念甚至扭转我们的人生方向。阅读《三毛和她的撒哈拉》，谈谈对你影响最大的一本书，说说它好在哪里。题目自拟，不少于600字。

参考答案

★试卷作家真题回顾★

【找回颤动的感觉】

1. 母亲的饺子　　朋友的存折　　妻子的字条（3分）

2. 老师没有感动是因为老师一辈子生活在小镇、奔走于校园，对来自法国的著名品牌并无多少印象。更重要的是老师注重内心的感动而不重视物质享受。

他被感动是因为老师给他的礼物是20年前他离开学校时完成的最后一篇作文，老师一直完好无损地保存至今，这一举动深深地感动了他。（4分）

3. 不能删去，第⑥段是过渡段，承上启下；总结上文，为下文故事情节的展开作铺垫；删去后文意不连贯，情节不够完整。（3分）

4. 生活中最重要的是拨动人们心弦的感动，因为这些感动里包含着岁月老人无法带走、死亡之神无法摧毁的真情。回忆那些令人感动的事，珍惜岁月的真情，才是找回了颤动的感觉。（3分）

5. （1）作者通过细腻的心理描写，写出了小弗郎士因贪玩不认真学法语的懊悔之情，对法语由讨厌到喜爱的态度转变，以及对韩麦尔先生的无比同情、理解和留恋；成功塑造出小弗郎士由一个贪玩、调皮、不懂事的孩子，转变为一个懂事、热爱祖国、热爱法语、理解爱戴老师的人物形象；心理描写细腻、真挚感人。（4分）

（2）示例：妈妈，我只是说想吃您包的三鲜饺子，没想到您竟真的给我送来了！您对我真的是太好了！我平时很少回家看您，

很少关心您的身体和生活，想想这些，我真后悔啊！妈妈，今后我一定好好孝顺您！（3分）

【母亲的存折】

1.具体指：装着我出生时的胎发，5岁时掉的乳牙，还有背面记着"我"的出生时辰的一张百日照的首饰盒。（3分）

存入的是母亲对"我"深挚真诚的爱。（2分）

2.动作（或细节）描写，突出包装的用心尽心，表现了母亲对"我"的细腻而深挚的爱。（3分）

3.对比　真挚而浓厚的亲情才是真正的家庭财富（4分）

4.示例：家长应重视示范教育，潜移默化，注意引导，使孩子的情绪向积极、健康的方向发展，而不受攀比情绪的干扰。（4分）

【大声地生活】

1.①勇敢　②别扭害怕　③爱憎分明　④惭愧（4分）

2.运用了语言和神态描写，生动形象地写出"我"的别扭、紧张、矛盾与女儿的勇敢形成对比。（4分）

3.CE（3分）

4.示例：文章中"大声地生活"是要我们对不法分子大声说出来，不能保持沉默。材料中为了掩饰自己的愚昧，没有人敢说真话。我认为我们并不应该事事沉默，在我们的生活中有很多时候自己或者周围人的权益被侵害，我们应该像那个小女孩一样勇敢地去面对、去斗争，而不应该选择避让，那样只会助长歪风邪气。（5分）

★ 试卷作家美文赏练 ★

【预测演练一】

1.（1）作者认为这样的行为很慷慨，人们会因为这样的行为而喜欢、感谢她，父亲认为这样的行为表面上是慷慨，其实是吝啬，并且不得人心。（3分）

（2）不屑于父亲的想法，认为自己的想法是正确的。（3分）

（3）都是自己不需要的东西，都认为对方会感谢自己，认为自己的行为是慷慨。（3分）

（4）承上启下，引出下文父亲教育"我"的故事。（3分）

2.（1）伯尼·马库斯和亚瑟·布兰克被解雇后，重新奋起，创办美国家居仓储公司的故事。（2分）

（2）①—⑧ // ⑨—⑩；理由：前叙，马库斯和布兰克被解雇后创造的奇迹；后议，这个故事给我们的启示。（2分）

（3）"20年"短暂的时间和后面数字形成鲜明的对比，突出了家居仓储公司的辉煌成就。（2分）

（4）人在面对困难和挫折时，不妨转换思维方式，积极地寻找解决问题的途径。（2分）

3.略

【预测演练二】

1.（1）"这"指富兰克林一进门就狠狠地撞在了门框上。原因是它能使富兰克林吸取教训，从而明白一个道理——该低头时就低头。（或：它能使富兰克林学会低头。）（4分）

197

（2）低头是放下骄傲，做人要谦虚。（3分）

（3）不好。因为这一段强调了学会低头的重要性，增强了论述的严密性。（4分）

2.（1）毕业于名牌大学，又有在市外贸公司工作三年的经验。（2分）

（2）依据是"年轻人"没有说出蕨菜质量不好的真正原因。因为主考官的断言一语中的，非常正确，令"年轻人"无言以对。（2分）

（3）主考官是一个知识丰富，注重理论联系实际的人。（2分）

（4）"阳光"象征着事物的关键，是社会实践和理论的联系；"烘干"指被社会否定或淘汰。（3分）

3.略

【预测演练三】

1.（1）"应有正确的人生心态"或"懂得得与失，才是正确的人生心态"或"为了赢得什么，你愿意失去什么，这样才能取得人生的优胜"。（2分）

（2）不能。"奇怪"写出了"我"认为自己输的最重要原因就是技术不行，没有经验，而父亲认为这是次要因素，我感到不可理解。而如用"好奇"则表现出我对了解最重要的原因新奇而有浓厚的兴趣。两者词义不同，在此用"好奇"不符合语境要求。（意对即可）（2分）

（3）不矛盾。"人生如下棋"指的是人生和下棋一样总有遗憾；"人生也不如下棋"其意是指棋下错，还可以接着下甚至重下，而人生则不行，一旦失误走错，则不可以重来，两句所强调的角度

不同（从不同的方面指出了人生的特点），因此不相矛盾。（3分）

（4）提示：以从时间、机遇、友情等角度去比作"棋子"，并结合生活实际，理由应扣住"开始不珍惜（不考虑得失），等到后来失得多了，又过于吝惜"等角度。（4分）

2.（1）父亲想让兄弟俩根据所需选择自己追求的生活方式。（2分）

（2）哥哥生活舒适安逸……只是少了些锐利和坚韧。弟弟生活艰辛动荡……性格也变得刚毅果断。（2分）

（3）因为当时"我"只有18岁，刚考上省城大学，即将离家远行，正站在人生道路的岔路口，父亲让"我"自己选择人生之路。（3分）

（4）在人生的道路上，我们会面临很多选择，每种选择都是痛苦和快乐并收。虽然我们追求快乐，但我们却不能忽视痛苦，因为有时痛苦更能激人奋进，让人的生命释放更加耀眼的光彩。（4分）

3. 略

【预测演练四】

1.（1）因为"我"在听课的时候迟到了，从"我"长期的教育意识上觉得，迟到是对讲师的不尊重，是一种不礼貌的行为。再加上"我"知道外国人时间观念很强，所以心里很过意不去，觉得不好意思。（2分）

（2）这里表现出异国文化理解上的差异。在中国人看来上大学对于学生来说是必要的义务，不去上课或者迟到是对不起老师，而不是对不起自己。而美国人认为，老师只是学生付费后需要提供服务的，他尽责地提供服务，学生是购买者可以选择支配自己的时间，逃课或者旷课是学生自己的事情。（3分）

（3）因为他在美国、中国香港等地的国际著名大企业做高层领导，讲一口流利但发音有些生硬的普通话，但课讲得非常好，既有理论深度又很生动。而且张先生不仅不指责迟到的学生，反而亲和有加地询问是否听懂内容了，这种亲近学生的态度在中国是很受欢迎的。（3分）

（4）我们在购买与被购买物品的时候得到和付出的就是时光，也就是我们为别人提供服务或者被提供服务，就是我们得到他人的时光或者付出自己的时光，所以时光对于我们来说就是财富。（4分）

2.（1）我一直都在错过：从身边最近的地方寻找快乐、享受快乐的好时光！（3分）

（2）一个人之所以快乐，是因为善于发现身边的简单快乐，不去追求可望而不可即的东西。（3分）

（3）示例：快乐是一种感觉，不要忘记感受快乐。（4分）

3.略

【预测演练五】

1.（1）文章中的"他"做的是快餐生意，顾客是流动人群，不买房开店是不愿把快餐店固定下来；不给自己买房买车，是不愿让自己太安逸，也不愿意把自己的钱花在不必要的事情上，要让自己随时处在一种变动的状态中。（4分）

（2）只要自己的品牌好，就会有很多人来找自己合作，就不怕没有财富。（3分）

（3）在文中，"他"没有固定资产，唯一的固定资产是自己的品牌，因为只有自己的品牌是最可靠的，不能被夺走的。而他不买房买车，是为了不让自己固定下来，让自己处于流动中，才能保持进步，跟上时代发展。对于我们自己而言，房子、车子、金钱等外在的东西都是流动的，只有自己的能力、人品认识等，才是固定的，我们应该在这方面努力。（6分）

2.（1）通过描写年轻人在往返间的神态和动作，生动表现出攀爬过程的辛劳；让人物变得更加生动形象，给人一种真实的感觉，也为下文情节做铺垫。（3分）

（2）"咖啡"不只是表面意思，它是指你承受了常人无法承受的痛苦之后，出现在你面前的成功。主管的话意思是年轻人没有让他获得工作的成果，是对年轻人那种行为的否定。（3分）

（3）不苛刻；因为这是海上油田钻井队工作"承受极限训练"，在海上钻井工作，登高爬下是少不了的，这本来就是十分危险的工作，如果你在工作的时候带着个人的情绪，可能会因为你的不良情绪，产生一连串的不良后果，最后给大家带来危险，并导致工作事故。所以说这个"承受极限训练"看起来不近人情，其实是因为工作的需要并不苛刻。（3分）

（4）不要被眼前的不平所放弃，要坚信，风雨之后见彩虹，没有足够的忍耐力，是不能完成大事的，我们要在厌烦的工作、生活上再忍耐一下，或许我们就能得到意想不到的结果。（4分）

3. 略

【预测演练六】

1.（1）作者在逛公园的时候看到有一个人在墓园拔草，因此认识了老人，老人一个人在孤寂阴森的墓园中看守，说明他是一个耐得住寂寞并且能吃苦的人。（4分）

（2）说明了老人对死去的老伴十分牵挂，希望自己的老伴能

像自己所看守的这片墓园一样，有人细心打理。也侧面说明了，老人即使很牵挂老伴，也依然坚持在外打工还债。（3分）

（3）都是为了自己爱的人而长途跋涉，即便对方死去，也依旧对对方尽职尽责。从中我们可以学到：爱是需要用实际行动去付出的，无论是时间、精力还是物质；信守承诺非常重要；自立自强、不亏欠他人，就会得到大家的尊重。（6分）

2.（1）大连曾经先后沦为沙俄和日本的殖民地，尽管这段屈辱的历史我们不能忘记，但大连也因此很早接触到先进的科学技术和新思想。设计这座城的人本身就推崇欧洲文化，打算把它设计成一座"东方巴黎"，后来的日本殖民者继承和保存了它的风格。改革开放以后，大连抓住经济发展的机遇，发展为一个国际化大都市。建设这座城市的人拥有开放、务实的心态，不排斥其他文化和外来人，努力发展自己，才使它成为国际化大都市。（6分）

（2）作者介绍大连方言，一方面体现出大连悠久的历史和丰富的文化，也体现出大连人因为对家乡的自豪而产生的故步自封的心态。（4分）

（3）浪漫指的是一种开放、进取、敢于冒险、敢于反抗的心态。（4分）

3.略

— 试卷上的作家 —

初中生美文读本

序　号	作　者	作　品
1	安　宁	一只蚂蚁爬过春天
2	安武林	安徒生的孤独
3	曹　旭	有温度的生活
4	林　夕	从身边最近的地方寻找快乐
5	简　默	指尖花田
6	乔　叶	鲜花课
7	吴　然	白水台看云
8	叶倾城	用三十年等我自己长大
9	张国龙	一里路需要走多久
10	张丽钧	心壤之上，万亩花开

高中生美文读本

序　号	作　者	作　品
1	韩小蕙	目标始终如一
2	林　彦	星星还在北方
3	刘庆邦	端　灯
4	刘心武	起点之美
5	梅　洁	楼兰的忧郁
6	裘山山	相亲相爱的水
7	王兆胜	阳光心房
8	辛　茜	鸟儿细语
9	杨海蒂	杂花生树
10	尹传红	由雪引发的科学实验
11	朱　鸿	高考作文的命题与散文写作